KB091661

다시 시작하는
청춘영어 1

김지연 · 박경미 지음

다락원

다시 시작하는 청춘영어 1

지은이 김지연, 박경미
펴낸이 정규도
펴낸곳 (주)다락원

초판 1쇄 발행 2013년 1월 2일
개정판 1쇄 발행 2022년 3월 2일
개정판 4쇄 발행 2025년 1월 10일

총괄책임 허윤영
기획·책임편집 김민주
영문 감수 Michael A. Putlack
디자인 하태호(본문), 유혜영(표지)
전산편집 이현해
일러스트 권효실(본문), 최성원(표지)
이미지 shutterstock

다락원 경기도 파주시 문발로 211
내용문의: (02)736-2031 내선 524
구입문의: (02)736-2031 내선 250~252
Fax: (02)732-2037
출판등록 1977년 9월 16일 제406-2008-000007호

ISBN 978-89-277-0156-9   13740

http://www.darakwon.co.kr

다락원 홈페이지를 방문하시면 상세한 출판 정보와 함께 동영상 강좌, MP3자료 등 다양한 어학 정보를 얻으실 수 있습니다.

어디를 가도 영어… 영어로 말 한마디 자신 있게 해 보고 싶다.

주변을 둘러보면 도처에서 영어를 쉽게 접할 수 있습니다. 아파트와 자동차 이름부터 음식점, 카페, 제품 이름에 이르기까지… 어떻게 읽어야 할지도 모르겠고 뜻도 알 수 없는 영어 이름이 한둘이 아닙니다. 또 해외여행을 계기로 영어에 관심을 갖는 분도 많아졌습니다. 국내에서 마주치는 외국인과 영어로 한두 마디라도 나누고 싶어 하는 분들도 있고요. '나도 영어 공부 좀 해 봤으면 좋겠는데.' 하고 많은 분께서 생각하십니다.

나를 위한 영어 책, 어디에 있을까?

하지만 영어 공부를 해 보고자 하는 마음으로 서점에 가면, 영어 교재는 많아도 나에게 적합한 교재를 찾기는 어렵습니다. 글씨가 너무 작고, 내용도 쉽지만은 않습니다. 그래서 영어 공부를 시작할 엄두가 나지 않아 망설이는 분이 많습니다.

이에 저희는 이 책을 써야겠다고 결심했습니다. 저희는 초등학교에서 영어를 가르치는 교사입니다. ABC도 모르는 아이들에게 영어를 가르치며 쌓은 노하우를 어른들에게도 적용해 보자고 생각했습니다. 영어를 많이 접해 보지 못하신 분들도 쉽고 재미있게 기초를 다질 수 있도록 말이죠.

다시 시작하는 영어 공부, 재미있고 즐겁다!

초판 발행 후 벌써 9년이 흘렀네요. 많은 영어 교실에서 저희 교재가 사용되고 있어 기쁩니다. 언어의 매력은 역동성 있는 변화에 있는데, 요즘은 그 변화가 더욱 빠름을 느낍니다. 최근의 영어 표현과 문화를 반영하고자 이번 개정 작업을 진행하게 되었습니다. 바쁜 시간을 쪼개어 서로 협업하며 열심히 작업을 한 저자들에게 서로 수고의 박수를 드리고, 기획 및 편집을 해 주신 김민주 차장님을 비롯한 다락원 편집팀에게도 깊은 감사를 표합니다.

배움에 늦음은 없다고 합니다. 공부를 시작하기에 늦은 때는 없습니다. 지금 바로 시작해 보세요. 아무쪼록 이 책이 영어가 부담스러워 선뜻 시작할 수 없었던 모든 분께 작은 도움이 되기를 진심으로 바랍니다.

저자 김지연·박경미

▶▶▶
영어를 전혀 모르는 사람도 볼 수 있습니다.

이 책은 영어를 전혀 모르거나 예전에 조금 배웠지만 잊어버린 분들을 위한 책입니다. 알파벳 읽고 쓰기부터 시작해서 기초 단어, 기초 표현, 기초 문법까지 차근차근 알려 주어 왕초보도 쉽게 따라 할 수 있습니다.

▶▶▶
너무 많은 내용을 담지 않았습니다.

많은 내용을 배우는 것보다 꼭 필요한 내용을 제대로 배우는 것이 중요합니다. 이 책에는 가장 기초적인 내용만 담겨 있고, 앞에서 나온 내용이 뒤에서 연결되고 반복되어 배운 것을 확실히 기억할 수 있습니다.

▶▶▶
늘 궁금했던 생활 속 영어 표현을 배웁니다.

우리 주변에서 흔히 듣고 보지만 정확한 의미를 몰라 답답했던 영어 표현들을 '생활 속 영어 익히기' 코너에서 속 시원히 알려 드립니다. 재미있는 삽화와 함께 여러 유용한 표현을 익혀 보세요.

▶▶▶
영어 발음을 한글로 쉽게 익힙니다.

영어를 어떻게 읽어야 할지 모르는 분들을 위해 모든 단어와 문장에 우리말로 발음을 표시했습니다. 진하게 표시된 글자는 강세를 두어 읽으세요. 정확한 발음은 원어민의 음성을 듣고 따라 할 수 있습니다. 음원 파일 활용법은 교재 맨 뒤 페이지를 참고하세요.

▶▶▶
저자의 강의를 보며 핵심 내용을 복습합니다.

각 단원의 내용을 요약한 저자의 영상 강의를 보면서 배운 내용을 복습할 수 있습니다. 또한 문법 사항만 따로 설명하는 음성 강의도 들을 수 있습니다. 모든 강의는 무료로 제공됩니다. 자세한 강의 활용법은 교재 맨 뒤 페이지를 참고하세요.

이 책의 구성

PART 1
먼저 알아 두기

영어를 공부하기 전에 미리 알아 두어야 할 내용을 담았습니다.

알파벳 읽기와 쓰기

알기 쉬운 알파벳의 소리

영어와 한국어의 차이점

꼭 알아 둘 문법 용어

PART 2
차근차근 공부하기

본격적인 학습이 진행되는 부분으로, 20개의 단원으로 이루어져 있습니다. 각 단원은 다음과 같이 구성됩니다.

말하기 공식 필수 말하기 공식을 익힙니다.

표현 배우기 말하기 공식을 바탕으로 일상생활에서 활용할 수 있는 표현들을 배웁니다.

대화하기 옆 사람과 함께, 또는 음원을 들으며 자연스럽게 대화하는 연습을 합니다.

문법 익히기 앞에서 배운 표현과 관련된 문법 사항을 공부합니다.

확인하기 간단한 문제를 풀어 보며 지금까지 학습한 내용을 확인합니다.

문장 따라 쓰기 주요 문장들을 따라 써 보며 내 것으로 만듭니다.

생활 속 영어 익히기 실생활에서 자주 접하는 유용한 영어 표현의 의미를 익힙니다.

PART 3
더 깊이 배우기

더 많은 내용을 알고 싶은 분들을 위한 부분입니다.

말하기 표현 PART 2의 '표현 배우기'에서 학습자 본인의 상황에 맞게 말해 보는 연습 문제가 있는데, 그때 쓸 수 있는 표현들이 제시되어 있습니다.

한눈에 보는 문법 정리표 앞에서 배운 문법 사항이 한눈에 보기 쉽게 정리되어 있습니다.

목차

PART 3 _ 더 깊이 배우기

Lee's Vet Clinic

Junho 준호
유진의 남편.
수의사.

Yujin 유진
준호의 부인.
가정 주부.

Julie 줄리
고등학교
원어민 교사.
캐나다인.

Max 맥스
줄리의 반려견.

Sejun 세준
준호와 유진의 아들.
고등학생.

PART 1

먼저 알아 두기

알파벳 읽기와 쓰기

영어를 표기하는 26개의 알파벳은 대문자와 소문자로 쓸 수 있습니다.

● **다음 알파벳 이름을 읽어 보세요.**

대문자	소문자	이름
A	a	에이
C	c	씨
E	e	이
G	g	쥐
I	i	아이
K	k	케이

대문자	소문자	이름
B	b	비
D	d	디
F	f	에프
H	h	에이치
J	j	제이
L	l	엘

※ a는 α, g는 g로도 씁니다.

한글 자모에서 ㄱ은 '기역', ㄴ은 '니은', ㄷ은 '디귿'처럼 따로 이름이 있듯이, 알파벳에도 각각 이름이 있습니다.

대문자	소문자	이름
M	m	엠
O	o	오우
Q	q	큐
S	s	에스
U	u	유
W	w	더블유
Y	y	와이

대문자	소문자	이름
N	n	엔
P	p	피
R	r	알
T	t	티
V	v	비
X	x	엑스
Z	z	지

대문자와 소문자는 어떻게 구별해서 써야 할까요? 대문자는 다음과 같은 경우에만 사용하고, 나머지는 소문자로 쓰면 됩니다.

● 문장을 시작할 때 첫 글자는 항상 대문자로 씁니다.

문장의 첫 글자

This is my son. 이 사람은 나의 아들입니다.

You are kind. 당신은 친절하시군요.

● 사람 이름이나 나라 이름, 도시 이름을 쓸 때 맨 첫 글자를 대문자로 씁니다. 이름이니까 알아보기 쉽게 하려는 것이죠. 이런 것을 고유 명사라고 합니다.

사람 이름

My name is Gildong. 제 이름은 길동입니다.

We are from Seoul, Korea. 우리는 한국의 서울 출신입니다.

● '나'를 뜻하는 I는 항상 대문자로 씁니다.

I am happy. 나는 행복합니다.

Am I late? 제가 늦었나요?

● 다음 알파벳을 순서에 맞게 따라 써 보세요.

A A A A A   a a a a a

B B B B B   b b b b b

C C C C C   c c c c c

D D D D D   d d d d d

E E E E E   e e e e e

F F F F F   f f f f f

G G G G G   g g g g g

H H H H H   h h h h h

알파벳 읽기와 쓰기

I I I I   i i i i

J J J J   j j j j

K K K K   k k k k

L L L L   l l l l

M M M M   m m m m

N N N N   n n n n

O O O O O   o o o o

P P P P   p p p p

Q Q Q Q Q   q q q q

R RRR r rrr

S SSS s sss

T TTT t ttt

U UUUU u uuuu

V VVVV v vvvv

W WWWW w wwww

X XXXX x xxxx

Y YYYY y yyyy

Z ZZZZ z zzzz

알기 쉬운 알파벳의 소리

알파벳은 모음 5개와 자음 21개로 구분할 수 있습니다.

● 모음

소리가 목구멍에서 입 밖으로 나올 때까지 아무런 걸림 없이 나는 것을 '모음'이라고 합니다. a, e, i, o, u에서 모음 소리가 납니다. [아, 에, 이, 오, 우]로 발음되는 것들이 대표적인 모음 소리인데, 모음은 위치에 따라 다양한 소리를 내기 때문에 일일이 발음을 확인해야 합니다.

주의할 점은, u가 [어]로 발음될 때는 모음으로 보지만 [유]로 발음될 때는 모음으로 보지 않고 자음으로 본다는 것입니다.

글자	A a	E e	I i	O o	U u
이름	에이	이	아이	오우	유
소리	어 ago [어고우] 오 ball [볼] 애 map [맵] 아 car [카] 에이 game [게임]	에 hello [헬로우] 어 farmer [파머] 이 he [히] 으 oven [오븐]	이 sit [씻] 아이 line [라인]	아 rock [락] 오 song [쏭] 오우 go [고우]	우 flu [플루] 어 bus [버스] 유 music [뮤직]

알파벳은 글자 하나가 하나의 소리만 내는 것도 있지만 두세 개의 소리를 내는 것도 있어요.
각각의 알파벳이 어떤 소리를 낼 수 있는지 알아 두면 발음하기가 훨씬 쉬워집니다.

● 자음

모음을 뺀 나머지 소리를 '자음'이라고 합니다. 목구멍에서 나온 소리가 혀나 혀뿌리, 입술, 치아 등에 막혀서 여러 소리를 내죠. 참고로, w와 y는 자음이지만 모음처럼 걸림 없는 소리가 나기 때문에 '반모음'이라고도 부릅니다.

글자	B b	C c	D d	F f	G g	H h	J j
이름	비	씨	디	에프	쥐	에이치	제이
소리	브 bed [베드]	크 cat [캣] 쓰 city [씨티]	드 dog [도그]	프 fish [피쉬]	그 god [갓] 즈 gym [짐]	흐 hat [햇]	즈 jam [잼]

글자	K k	L l	M m	N n	P p	Q q	R r
이름	케이	엘	엠	엔	피	큐	알
소리	크 king [킹]	르 long [롱]	므 me [미]	느 nap [냅]	프 pan [팬]	크 queen [퀸]	르 ring [링]

글자	S s	T t	V v	W w	X x	Y y	Z z
이름	에스	티	비	더블유	엑스	와이	지
소리	쓰/스 sun [썬], bus [버스] 즈 has [해즈]	트 ten [텐]	브 vase [베이스]	우 way [웨이]	크스 box [박스] 그즈 exam [이그잼]	이 yell [옐], may [메이] 아이 my [마이]	즈 zoo [주]

영어와 한국어의 차이점

영어와 한국어는 어떤 차이가 있을까요? 대표적인 차이점을 살펴보겠습니다.

● 자음과 모음의 개수

한글의 자모, 즉 ㄱ, ㄴ, ㄷ, ㄹ…, ㅏ, ㅑ, ㅓ, ㅕ…는 모두 24개인데, 알파벳은 26개입니다. 이 중에서 자음과 모음의 개수는 다음과 같습니다.

> 한글 **자음 14개 + 모음 10개 = 24개**
>
> 영어 **자음 21개 + 모음 5개 = 26개**

● 영어는 한 줄로 쓴다

한글은 초성+중성+종성을 모아 하나의 글자로 조합해서 쓰지만, 영어는 글자를 한 줄로 늘어 놓고 씁니다.

> 한글 **말**　　　　　　　　　　　　　영어 **horse**

● 영어는 목적어가 뒤에 온다

영어랑 우리말은 어순이 다릅니다. 예를 들어, 영어에서는 '나는 너를 사랑해.'라고 쓰지 않고 '나는 사랑해 너를'이라고 씁니다. 한국말은 끝까지 들어 봐야 알고, 영어는 앞부분만 들어도 안다고 하는 게 이 때문이죠. 영어는 이렇게 결론부터 얘기하는 것을 좋아합니다.

● 영어에는 조사(토씨)가 없다

영어에는 우리말의 '은/는/이/가' 같은 조사(토씨)가 없습니다. 그래서 I love you.를 '내가 너를 사랑해.'로 해석해도 되고 '나는 너를 사랑해.'라고 해도 되죠. 문맥에 따라 적절하게 해석하면 됩니다. 참고로 외국인이 한국어를 배울 때 제일 힘들어하는 부분도 조사라고 하네요.

| 한국어 | 나는 너를 사랑해. / 내가 너를 사랑해. | 영어 | I love you. |

● 영어에는 강세가 있다

영어 단어에는 강하게 읽어야 하는 부분이 있는데, 이것을 '강세'라고 해요. 이 책에서는 알기 쉽게 한글로 발음을 표기하고 강세가 있는 부분을 진하게 표시했어요.

| 한국어 | 아침 | 영어 | morning [모닝] |

● 영어는 작은 단위부터 말한다

우리는 주소를 말할 때 '대한민국 서울특별시 종로구 청와대로 1'처럼 큰 단위부터 작은 단위로 말하지만, 영어에서는 거꾸로 작은 단위부터 말합니다. 서양인은 개인을 먼저 생각하고, 동양인은 집단을 먼저 생각하는 차이가 언어에도 반영됐다고 해요.

| 한국어 | 대한민국 서울특별시 종로구 청와대로 1 |
| 영어 | 1, Cheongwadae-ro, Jongno-gu, Seoul, Republic of Korea |

꼭 알아 둘 문법 용어

앞으로 공부할 때 미리 알아 두어야 할 기본 문법 용어를 미리 배워 봅시다.

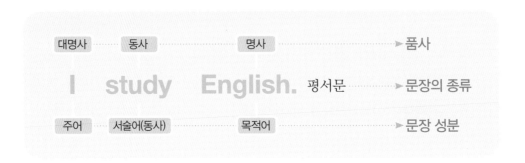

● 품사

품사는 어떤 단어의 성질을 나타내는 말입니다. 영어에는 8개의 품사가 있습니다. 이 중에서 명사, 대명사, 동사, 형용사는 기초 단계에서 가장 중요한 개념이니 잘 알아 두세요.

품사	설명	예
명사	사람, 동물, 물건, 장소의 이름 및 추상적인 개념	**Julie** 줄리 **dog** 개 **book** 책 **peace** 평화
대명사	명사를 대신해서 쓰는 말	**I** 나는 **you** 너는 **he** 그는
동사	사람이나 사물의 움직임이나 상태를 나타내는 말	**eat** 먹다 **like** 좋아하다
형용사	사람이나 사물의 상태나 성격을 나타내는 말	**happy** 행복한 **good** 좋은, 착한
부사	뜻을 강조하거나 첨가하는 말	**very** 아주 **always** 항상
전치사	명사 앞에서 장소, 시간, 방향, 방법 등을 나타내는 말	**on** ~ 위에 **at** ~에서
접속사	앞뒤의 말을 연결하는 말	**and** 그리고 **but** 하지만
감탄사	감탄할 때 쓰는 말	**oh** 오

● 문장 성분

문장 성분에는 주어, 서술어(동사), 목적어, 보어가 있습니다. 같은 품사라도 위치에 따라 다른 문장 성분으로 쓰일 수 있습니다. 예를 들어 명사는 문장에서 주어, 목적어, 보어가 모두 될 수 있어요. 영어 문장에는 기본적으로 주어와 동사가 각각 하나 이상 있어야 합니다. 여기에 목적어, 보어 등의 말이 추가되는 것이죠. 문장 성분에 들어가지 않는 말은 수식어구라고 합니다.

문장 성분	설명	예
주어	문장의 주인이 되는 말. 어떤 행동이나 상태의 주체	**I** love you. 나는 너를 사랑해.
서술어(동사)	주어의 상태나 동작을 나타내는 말	I **love** you. 나는 너를 사랑해.
목적어	동사의 대상이 되는 말. 우리말에서 '~을/를'의 조사가 붙는 말	I love **you**. 나는 너를 사랑해.
보어	주어나 목적어를 보충 설명해 주는 말 (명사 또는 형용사)	I am **Korean**. 저는 한국인입니다.

● 문장의 종류

문장은 기능에 따라 평서문, 부정문, 의문문으로 나눌 수 있습니다.

문장의 종류	설명	예
평서문	마침표(.)로 끝나는 문장	I love you. 나는 너를 사랑해.
부정문	'아니다'라는 뜻을 갖는 not이 들어 있는 문장	I don't love you. 나는 너를 사랑하지 않아.
의문문	물음표(?)로 끝나는 문장으로, 내용을 확인하거나 정보를 얻기 위해 물어보는 문장	Do you love me? 너는 나를 사랑하니?

PART 2

차근차근 공부하기

우리가 평소에 가장 많이 쓰는 말은 바로 나 자신에 대한 말일 텐데요.
내 이름과 직업이 무엇인지, 자기 소개를 하는 것부터
내가 좋아하는 것, 내가 할 수 있는 것에 대해 말하기까지
나 자신에 대해 말하는 다양한 문장을 익혀 봅시다.

01 I am Junho.
저는 준호예요.

Linda **Good morning.**
굿　　　　　모닝

My name is Linda.
마이　네임　이즈　린다

Junho **Hello.**
헬로우

I am Junho.
아이 앰　　준호

말하기 공식

I am + 이름 **.**　　　　　나는 _____이다.

I'm + 이름 **.**　　　　　나는 _____이다.

My name is + 이름 **.**　　내 이름은 _____이다.

린다	안녕하세요.
	제 이름은 린다예요.
준호	안녕하세요.
	저는 준호예요.

단어

good [굳] 좋은

morning [모닝] 아침

my [마이] 나의, 내

name [네임] 이름

is [이즈] ~이다

hello [헬로우] 안녕하세요, 안녕

I [아이] 나는

am [앰] ~이다

만났을 때의 인사

Good night[굳 나잇]은 밤에 헤어질 때 하는 인사입니다.

Good morning. [굳 모닝] 안녕하세요. 아침[오전]에 만났을 때
Good afternoon. [굳 애프터눈] 안녕하세요. 오후에 만났을 때
Good evening. [굳 이브닝] 안녕하세요. 저녁에 만났을 때
Hello. [헬로우] 안녕하세요. / 안녕. / 여보세요. 시간에 관계 없이 만났을 때, 전화 받을 때
Hi. [하이] 안녕. / 안녕하세요. 친한 사이일 때
Nice to meet you. [나이스 투 미츄] 만나서 반갑습니다. 처음 만났을 때

이름

이름을 말할 때는 I am Gildong.[아이 앰 길동: 저는 길동입니다.]이라고 이름만 말해도 되고, I am Hong Gildong.[아이 앰 홍 길동: 저는 홍길동입니다.]이라고 성을 붙여 말해도 됩니다.

서양에서는 동양과 달리 이름 다음에 성을 씁니다. James Bond[제임스 반드]에서 James[제임스]가 '길동' 같은 이름이고 Bond[반드]가 '홍' 같은 성이지요. 먼저 나온다고 해서 이름을 first name[퍼스트 네임]이라고 하고, 성은 마지막에 나와서 last name[래스트 네임]이라고 해요.

한글 이름을 말할 때도 서양식으로 성을 뒤에 두고 I am Gildong Hong.[아이 앰 길동 홍: 저는 길동 홍입니다.]이라고 해도 됩니다. 이름과 성의 첫 글자는 항상 대문자로 써야 해요.

● 주어진 이름을 빈칸에 넣어 문장을 말해 보세요.

Barack Obama
[버락 오바마]

Oprah
[오프러]

Heungmin
[흥민]

I am _____ .
저는 버락 오바마입니다.

I'm _____ .
저는 오프라예요.

My name is _____ .
제 이름은 흥민입니다.

● 빈칸에 자기 이름을 영어로 쓰고, 문장을 말해 보세요.

I am _____ .

I'm _____ .

My name is _____ .

*이 QR코드를 찍으면 한글 이름의 영어 표기를 검색해 볼 수 있어요.

성함이 어떻게 되세요?

질문 **What's your name?**
와츠 유어 네임
성함이 어떻게 되세요?

대답 **My name is Kim Insu.**
마이 네임 이즈 킴 인수
제 이름은 김인수입니다.

What's your name?

'당신의 이름은 무엇입니까?'라는 뜻으로 상대방의 이름을 묻는 말이에요.

이 질문에 대한 대답은 앞에서 배운 것처럼 I am (이름).으로 하거나, My name is (이름).으로 하면 됩니다.

● 빈칸에 알맞은 말을 넣어 대화를 완성해 보세요.   ▶ 정답 202쪽

Kevin **What's your name?**
성함이 어떻게 되세요?

Yujin **My name is   .**
제 이름은 유진이에요.

What's your name?
성함이 어떻게 되세요?

Kevin **I'm   .**
저는 케빈이에요.

인칭대명사와 be동사

● 인칭대명사

인칭대명사는 사람이나 사물을 가리키는 대명사입니다. 인칭대명사에는 1인칭, 2인칭, 3인칭이 있는데, I[아이]는 1인칭 대명사이고 you[유]는 2인칭 대명사입니다.

격	1인칭	뜻	2인칭	뜻
주격(~는)	I [아이]	나는	you [유]	너는, 너희는
소유격(~의)	my [마이]	나의	your [유어]	너의, 너희의
목적격(~를)	me [미]	나를	you [유]	너를, 너희를

● be동사

'~이다'라는 뜻의 동사를 **be동사**라고 합니다. be동사는 am[앰], are[아], is[이즈] 세 가지가 있는데, I 다음에는 am을 씁니다. I am ~.이라고 하면 '나는 ~이다.'라는 뜻의 문장이 됩니다. I am[아이 앰]은 줄여서 I'm[아임]이라고 쓸 수 있습니다.

| I
나는 | + | am
~이다(be동사) | + | Junho.
준호 |

I am Sally.
[아이 앰 쌜리]
저는 쌜리입니다.

I'm Jack.
[아임 잭]
저는 잭입니다.

A 우리말에 맞는 단어를 [보기]에서 찾아 쓰세요.

보기	name	morning	am
	good	my	I

(1) 아침 _____ (2) 나의 _____

(3) 이름 _____ (4) 좋은 _____

(5) ~이다 _____ (6) 나는 _____

B 영어 단어와 우리말 뜻을 바르게 연결하세요.

(1) your •   • 나는

(2) I •   • 너의

(3) my •   • 나의

C 다음 문장을 완성하세요.

(1) 안녕하세요. (아무 때나 하는 인사)

_____.

(2) 안녕하세요. (아침 인사)

_____ _____.

(3) 제 이름은 유진입니다.

_____ _____ _____ Yujin.

(4) 저는 준호입니다.

_____ _____ Junho.

● 문장을 따라 쓰면서 연습해 보세요.

Hello.

I am Junho.

Good morning.

I'm Kevin.

What's your name?

My name is Linda.

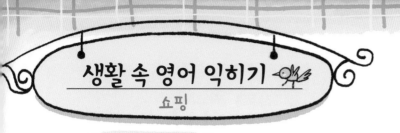
shopping mall 쇼핑몰

쇼핑몰은 영어로도 shopping mall[샤핑 몰]이라고 해요. 그냥 mall[몰]이라고 해도 됩니다. 커다란 건물 하나 또는 여러 건물에 많은 가게와 식당이 입점해 있는 곳이죠.

department store 백화점

백화점은 영어로 department store[디파트먼트 스토어]라고 해요. 한 건물 안에 여러 층이 있고, 층마다 다른 종류의 물건을 판매하는 곳이죠. department[디파트먼트]는 '부서, 학과' 등 나누어져 있는 부분을 말해요. store[스토어]는 '가게'라는 뜻이고요.

hypermarket 대형 마트

hyper-[하이퍼]는 매우 크다는 의미예요. 그래서 대형 마트를 hypermarket[하이퍼마킷]이라고 한답니다. supermarket[쑤퍼마킷]은 대형 마트보다는 작고, 작은 동네 가게보다는 큰 슈퍼마켓을 말해요. 대형 마트나 슈퍼마켓을 mart[마트]라고도 하는데, 영어에서 mart는 슈퍼마켓, 대형 마트, 시장 등 물건을 사고 파는 곳을 모두 포함하는 개념이랍니다.

영상 강의

02 I'm a teacher.
저는 교사입니다.

Julie **I'm a teacher.**
아임 어 **티처**

Sejun **I'm a student.**
아임 어 **스투던트**

Yujin **I'm a housewife.**
아임 어 **하우스와이프**

Junho **I'm a vet.**
아임 어 **벳**

말하기 공식

I'm a + 직업 **.** 나는 _____이다.

I'm an + 직업 **.** 나는 _____이다.

직업 말하기

		단어

줄리   저는 교사입니다.

세준   저는 학생이에요.

유진   저는 주부예요.

준호   저는 수의사입니다.

I'm ~ [**아**임] 나는 ~이다

a [어] 하나의

teacher [**티**쳐] 교사, 선생님

student [스**투**던트] 학생

housewife [**하**우스와이프] 주부

vet [벳] 수의사
(veterinarian[베터러**네**어리언]의 줄임말)

여러 가지 직업

doctor [닥터] 의사, 박사
nurse [너스] 간호사
lawyer [로이어] 변호사
cleaner [클리너] 환경미화원
cashier [캐시어] 계산원
cook/chef [쿡/셰프] 요리사

farmer [파머] 농부
baker [베이커] 제빵사
police officer [폴리스 오피서] 경찰관
driver [드라이버] 운전사
salesperson [쎄일즈퍼슨] 판매원, 영업 사원
singer [씽어] 가수

직업

직업을 나타내는 단어는 뒤에 -er이 붙은 것이 많습니다. -er은 '~하는 사람'이라는 뜻이에요. farm[팜: 농사 짓다]에 -er이 붙은 farmer[파머]는 '농사 짓는 사람', 즉 '농부'랍니다. doctor[닥터: 의사, 박사]처럼 -er 대신 -or이 붙는 경우도 있어요.

cook[쿡: 요리사], nurse[너스: 간호사]처럼 -er이나 -or로 끝나지 않는 직업들도 있습니다. '주부' 를 뜻하는 housewife[하우스와이프]도 그런 것 중 하나이죠.

은퇴를 해서 직업이 없으면 I'm retired.[아임 리타이어드: 저는 은퇴했어요.]라고 하면 됩니다. retired[리타이어드]가 '은퇴한'이라는 뜻이에요. 과거의 직업 앞에 retired를 붙여서 I'm a retired teacher.[아임 어 리타이어드 티처]라고 하면 '저는 은퇴한 교사입니다.'라는 의미가 됩니다.

● 주어진 직업을 빈칸에 넣어 문장을 말해 보세요.

doctor
[닥터]

I'm a _____.
저는 의사입니다.

farmer
[파머]

I'm a _____.
저는 농부입니다.

chef
[셰프]

I'm a _____.
저는 요리사입니다.

● 빈칸에 자기 직업을 쓰고, 문장을 말해 보세요.

I'm a/an _____.

I'm a retired _____.

▶ 가능한 표현들을 224쪽에서 확인해 보세요.

무슨 일 하세요?

질문 **What do you do?**
왓　두　유　두
무슨 일 하세요?

대답 **I'm a taxi driver.**
아임 어 택씨 드라이버
저는 택시 운전사입니다.

What do you do?

'당신은 무엇을 하십니까?'라는 뜻으로 직업을 묻는 표현입니다.

이 질문에 대한 대답은 앞에서 배운 것처럼 I'm a/an (직업).이라고 합니다. 은퇴했으면 I'm retired.라고 하거나 은퇴 전 직업을 써서 I'm a retired (직업).이라고 하면 됩니다.

● 빈칸에 알맞은 말을 넣어 대화를 완성해 보세요.　▶ 정답 203쪽

Linda **What do you do?**
무슨 일 하세요?

Aarav **I'm a** ＿＿＿＿＿＿＿＿ **.**
저는 요리사예요.

What do you do?
무슨 일 하세요?

Linda **I'm a retired** ＿＿＿＿＿＿ **.**
저는 은퇴한 간호사예요.

명사와 관사

● 명사

사람, 동물, 사물의 이름을 명사라고 합니다. 명사에는 teacher[티처: 교사], dog[도그: 개], apple[애플: 사과]처럼 수를 **셀 수 있는 명사**가 있고, water[워터: 물]나 air[에어: 공기]처럼 **셀 수 없는 명사**가 있습니다.

셀 수 있는 명사가 둘 이상일 때는 복수형을 쓰는데요, 보통은 명사에 -s나 -es를 붙이면 됩니다. 그런데 가끔은 전혀 다른 형태가 되기도 해요. 예를 들어, '발'을 나타내는 foot[풋]은 복수형이 feet[피트]랍니다.

● 관사

셀 수 있는 명사가 하나일 때, 명사 앞에 '하나의'라는 뜻으로 a[어]나 an[언]을 붙입니다. 이를 관사라고 합니다. 명사의 발음이 자음으로 시작하면 a를, 모음으로 시작하면 an을 붙입니다. (자음과 모음을 잘 모르시는 분은 18~19쪽을 참조하세요.)

셀 수 없는 명사 앞에는 a나 an을 붙이지 않습니다. 그리고 셀 수 있는 명사라도 복수형일 때에는 '하나의'라는 의미가 아니니까 관사를 붙이면 안 돼요.

a singer
[어 씽어]
가수 한 명

a dog
[어 도그]
개 한 마리

an apple
[언 애플]
사과 한 개

▶ 정답과 자세한 해설은
203쪽에 있습니다.

A 영어 단어와 우리말 뜻을 바르게 연결하세요.

(1) cleaner • • 간호사

(2) driver • • 환경미화원

(3) nurse • • 제빵사

(4) baker • • 운전사

B [보기]처럼 a와 an 중에서 알맞은 것을 고르세요.

> 보기   (ⓐ / an) **doctor** 의사 한 명
> (a / ⓐn) **orange** 오렌지 한 개

(1) (a / an) **dog** 개 한 마리   (2) (a / an) **apple** 사과 한 개

(3) (a / an) **singer** 가수 한 명   (4) (a / an) **housewife** 주부 한 명

C 다음 문장을 완성하세요.

(1) 저는 교사입니다.

    I'm a _____.

(2) 저는 택시 운전사입니다.

    I'm a taxi _____.

(3) 저는 농부입니다.

    I'm _____.

(4) 저는 은퇴한 의사입니다.

    I'm a _____ doctor.

● 문장을 따라 쓰면서 연습해 보세요.

What do you do?

I'm a teacher.

I'm a student.

I'm a housewife.

I'm a taxi driver.

I'm retired.

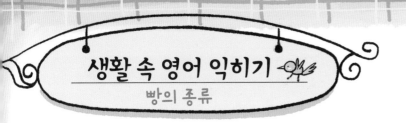

생활 속 영어 익히기
빵의 종류

baguette 바게트

baguette[배게트]는 막대기 모양의 기다란 프랑스빵입니다. 껍질이 딱딱하고 바삭바삭하죠. 반으로 갈라 속을 채워 넣어서 sandwich[쌘드위치]를 만들어 먹기도 합니다.

doughnut 도넛

dough[도우]는 '반죽', nut[넛]은 '견과류'인데요, 합쳐서 doughnut[도우넛]이 되었어요. 초기에는 가운데에 견과류를 넣어서 이런 이름이 붙었다고 해요. 고리 모양의 튀긴 빵으로 달고 부드럽죠. 미국에서는 donut 이라고 쓰기도 합니다.

macaroon 마카롱

almond[아몬드]나 coconut[코코넛]을 넣어 만든 동그랗고 보드라운 과자입니다. 프랑스어로는 macaron[마카롱] 이지만 영어로는 macaroon[매커룬]이라고 표기하고 발음도 달라요. 우리나라에서도 굉장히 인기가 많은 dessert[디저트]죠.

영상 강의

03 I'm hungry.
저는 배고파요.

Sejun **Mom, I'm home.**
맘　아임　홈

I'm hungry.
아임　헝그리

Harim **I'm not hungry.**
아임　낫　헝그리

I'm full.
아임　풀

말하기 공식

I'm + 기분·상태 **.** 　　　나는 _____ 하다.

I'm not + 기분·상태 **.** 　나는 _____ 하지 않다.

세준   엄마, 저 왔어요.

저 배고파요.

하림   저는 배 안 고파요.

저는 배불러요.

단어

Mom [맘] 엄마
(호칭일 때 항상 첫 글자는 대문자)

home [호움] 집에

hungry [헝그리] 배고픈

not [낫] ~ 아니다, 않다

full [풀] 배부른

기분이나 상태를 나타내는 말

happy [해피] 행복한

tired [타이어드] 피곤한

angry [앵그리] 화난

worried [워리드] 걱정하는

fine/well [파인/웰] 건강한

sick [씩] 아픈

sad [쌔드] 슬픈

glad [글래드] 기쁜

lonely [로운리] 외로운

surprised [써프라이즈드] 놀란

excited [익싸이티드] 신난

thirsty [써스티] 목마른

표현 배우기 — 기분과 상태

사람의 기분을 나타내는 표현은 다양합니다. glad[글래드: 기쁜], sad[쌔드: 슬픈], happy[해피: 행복한], angry[앵그리: 화난], lonely[로운리: 외로운] 같은 간단한 단어들도 있지만, -ed로 끝나는 긴 단어들도 있어요. 예를 들어 '놀란'을 뜻하는 surprised[써프라이즈드], '신난'을 뜻하는 excited[익싸이티드], '걱정하는'을 뜻하는 worried[워리드] 같은 단어들이죠.

몸 상태를 나타내는 말로 '건강한'은 fine[파인]이나 well[웰]로 말하고, '아픈' 상태는 sick[씩]이나 ill[일]을 써요.

이 단어들을 I'm 뒤에 붙이면 기분이나 상태를 표현할 수 있는데, I'm not 뒤에 붙이면 뜻이 반대가 돼요. 예를 들어, I'm sick.[아임 씩]이라고 하면 '나는 아파요.'라는 뜻이고, I'm not sick.[아임 낫 씩]이라고 하면 '나는 아프지 않아요.'라는 뜻이 됩니다.

● 주어진 표현을 빈칸에 넣어 기분이나 상태를 말해 보세요.

angry
[앵그리]

I'm _____ .
나는 화났어요.

surprised
[써프라이즈드]

I'm _____ .
나는 놀랐어요.

not sick
[낫 씩]

I'm _____ .
나는 아프지 않아요.

● 지금 느끼는 기분과 상태를 말해 보세요.

I'm _____ .

I'm not _____ .

▶ 가능한 표현들을 224쪽에서 확인해 보세요.

대화하기

어떻게 지내세요?

질문　**How are you?**
하우　아　유
어떻게 지내세요?

대답　**I'm fine.**
아임　파인
잘 지내요.

How are you?

'당신은 어떻습니까?'라는 뜻으로, 안부를 묻는 표현입니다. how[하우]가 '어떻게'라는 뜻이에요. 이 질문에 대한 대답은 잘 지낸다는 의미로 I'm fine.[아임 파인] 또는 I'm good.[아임 굳], I'm all right.[아임 올 라잇] 등으로 하면 됩니다. 아니면 Not bad.[낫 배드]라고 해서 '나쁘지 않아요.'라고 대답할 수도 있어요. I'm not bad.에서 I'm을 생략한 것입니다.

● 빈칸에 알맞은 말을 넣어 대화를 완성해 보세요.　▶ 정답 204쪽

Junho　**How are you?**
　　　어떻게 지내세요?

Julie　**I'm　　　　　　.**
　　　잘 지내요.

　　　How are you?
　　　선생님은 어떻게 지내세요?

Junho　　　　　　　　　.
　　　나쁘지 않아요.

음성 강의
03-4

문법 익히기

be동사+형용사

● 형용사

기분을 나타내는 말(기쁜, 놀란, 화난), 상태를 나타내는 말(피곤한, 배고픈, 건강한), 특징을 나타내는 말(키 큰, 젊은, 착한) 등을 **형용사**라고 합니다. be동사 뒤에 형용사를 쓰면 '~하다'라는 의미가 됩니다. 즉 happy[해피]는 '행복한'인데 be동사와 함께 쓰면 '행복하다'가 되는 것이죠.

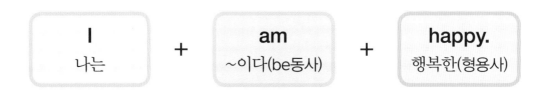

● be동사의 부정문

I am + 형용사.는 '나는 ~하다'라는 것을 배웠죠. 그럼 '나는 ~하지 않다'라고 부정할 때는 어떻게 할까요? be동사 am[앰] 뒤에 '~ 아닌'을 의미하는 not[낫]을 붙이면 됩니다.

I am hungry.
[아이 앰 헝그리]
저는 배고파요.

I am not hungry.
[아이 앰 **낫** 헝그리]
저는 배고프지 않아요.

▶ 정답과 자세한 해설은
204쪽에 있습니다.

A 우리말에 맞는 단어를 [보기]에서 찾아 쓰세요.

보기	glad	angry	lonely
	thirsty	sick	tired

(1) 목마른 _____

(2) 기쁜 _____

(3) 화난 _____

(4) 외로운 _____

(5) 피곤한 _____

(6) 아픈 _____

B 우리말 해석에 맞게 괄호 안의 단어를 배열하세요.

(1) 나는 놀랐어요. (am / I / surprised)

→ _____

(2) 나는 몸이 좋지 않아요. (well / I'm / not)

→ _____

C 다음 문장을 완성하세요.

(1) 나는 배고파요.

I'm _____ .

(2) 나는 행복하지 않아요.

I'm _____ _____ .

(3) 나는 기뻐요.

_____ glad.

(4) 나는 화나지 않았어요.

_____ .

● 문장을 따라 쓰면서 연습해 보세요.

I'm hungry.

I'm not hungry.

I'm surprised.

I'm not sick.

How are you?

I'm fine.

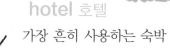

hotel 호텔

가장 흔히 사용하는 숙박 시설이죠. 호텔의 등급은 별의 개수로 나타내죠? 3성 호텔은 three-star hotel[쓰리 스타 호텔], 4성 호텔은 four-star hotel[포 스타 호텔], 5성 호텔은 five-star hotel[파이브 스타 호텔]이라고 합니다.

resort 리조트

resort[리조트]는 '휴양지'란 뜻입니다. 수영장, 스키 장처럼 재미있게 놀거나 편하게 쉴 수 있는 시설을 갖춘 곳을 말해요. 우리나라에서 쓰이는 것처럼 숙박 시설을 의미하려면 뒤에 hotel을 붙여서 resort hotel[리조트 호텔]이라고 해야 한답니다.

guesthouse 게스트하우스

guesthouse[게스트하우스]는 guest(손님)와 house(집)가 합쳐진 말로, 여행자가 대여할 수 있는 객실을 갖춘 집을 말합니다. 주로 젊은이들이 가볍게 입주할 수 있는 숙박 시설이에요. 숙박비가 저렴해서 배낭여행객들이 자주 사용해요. 게스트하우스의 일종인 B&B[비앤비]는 bed and breakfast[베드 앤 브렉퍼스트]라는 뜻으로, bed(침대)와 breakfast(조식)를 제공하는 곳입니다.

04 I'm from America.
저는 미국에서 왔어요.

Kevin **I'm from America.**
아임 프롬 어**메**리카

I live in California.
아이 리브 인 캘리**포**니아

Julie **I'm from Canada.**
아임 프롬 **캐**나다

I live in Seoul.
아이 리브 인 **써**울

말하기 공식

I'm from + 나라·주·도시 이름 **.**   나는 _____에서 왔다.

I live in + 나라·주·도시 이름 **.**   나는 _____에 산다.

케빈   저는 미국에서 왔어요.

        저는 캘리포니아에 살아요.

줄리   저는 캐나다에서 왔어요.

        저는 서울에 살아요.

단어

from [프롬]
~로부터, ~에서

America [어메리카] 미국
= the U.S. [더 유에스]
= USA [유에스에이]

live [리브] 살다, 거주하다

in [인] ~에, ~ 안에

California [캘리포니아]
캘리포니아 (미국의 주 이름)

Canada [캐나다] 캐나다

Seoul [써울] 서울

나라와 도시 이름

영국은 Great Britain[그레잇 브리튼]이라고도 해요. 우리가 영국으로 흔히 알고 있는 England [잉글랜드]는 영국 내의 한 지역이에요.

China [차이나] 중국   **Beijing** [베이징] 베이징
Japan [저팬] 일본   **Tokyo** [토우쿄우] 도쿄
France [프랜스] 프랑스   **Paris** [패리스] 파리
the U.K. [더 유케이] 영국   **London** [런던] 런던
Germany [저머니] 독일   **Berlin** [벌린] 베를린
Australia [오스트레일리아] 호주   **Sydney** [씨드니] 시드니
India [인디아] 인도   **New Delhi** [뉴 델리] 뉴델리

출신지와 거주지

출신지를 말할 때는 I'm from + (나라·주·도시 이름).이라고 합니다. from[프롬]은 '~로부터, ~에서'라는 뜻이니까, '나는 ~에서 왔어요.' 또는 '나는 ~ 출신이에요.'라는 의미이죠. 나라 이름과 도시 이름은 세상에 하나뿐인 고유 명사이므로 첫 글자를 대문자로 씁니다. 한편 내가 사는 곳을 말할 때는 I live in + (나라·주·도시 이름).이라고 합니다.

나라 이름과 도시 이름을 같이 말할 수도 있어요. 우리는 '대한민국 서울'이라고 하지만, 영어는 우리말과 반대로 작은 단위를 앞에 써서 도시 이름을 먼저 말하고, 그 다음에 나라 이름을 말합니다. I'm from Seoul, Korea.[아임 프롬 써울 코리아] 이렇게요.

● 주어진 지명을 빈칸에 넣어 문장을 말해 보세요.

China
[차이나]

I'm from _____ .

저는 중국에서 왔어요.

Paris
[패리스]

I'm from _____ .

저는 파리에서 왔어요.

New York City
[뉴 요크 씨티]

I live in _____ .

저는 뉴욕에 살아요.

● 자기의 출신지와 거주지를 말해 보세요.

I'm from _____ .

I live in _____ .

▶ 가능한 표현들을 225쪽에서 확인해 보세요.

대화하기

어디 출신이세요?

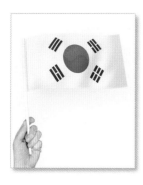

질문 **Where are you from?**
웨어 아 유 프롬
어디 출신이세요?

대답 **I'm from Korea.**
아임 프롬 코리아
저는 한국에서 왔어요.

Where are you from?

where[웨어]는 '어디'라는 뜻이고, from[프롬]은 '~로부터, ~에서'라는 뜻입니다. 따라서
Where are you from?은 '당신은 어디에서 왔습니까?'란 의미가 되지요. 어느 지역(나라, 도시 등)
출신인지를 묻는 말입니다.

이 질문에 대한 대답은 앞에서 배운 것처럼 I'm from (나라 · 도시 이름).으로 하면 됩니다.

● 빈칸에 알맞은 말을 넣어 대화를 완성해 보세요.

▶ 정답 205쪽

Aarav **Where are you from?**
어디 출신이세요?

Linda **I'm from   .**
저는 미국에서 왔어요.

Where are you from?
어디 출신이세요?

Aarav **I'm from   .**
저는 인도에서 왔어요.

일반동사, 전치사

● 일반동사

영어 동사에는 be동사 외에도, 동작과 상태를 나타내는 **일반동사**가 있어요. '먹다, 가다, 걷다, 읽다'와 같이 동작을 나타내거나 '살다, 생각하다, 좋아하다'와 같이 상태를 나타냅니다.

walk	eat	cry
[워크]	[이트]	[크라이]
걷다	먹다	울다

read	think	like
[리드]	[씽크]	[라이크]
읽다	생각하다	좋아하다

● 전치사

전치사(前置詞)는 명사 앞(前)에 놓인다(置)는 뜻으로 위치, 시간, 방향 등을 나타냅니다. in[인]은 대륙, 나라, 도시 앞에서 '~에'라는 의미로 쓰입니다. in Asia[인 에이샤: 아시아에], in Korea[인 코리아: 한국에], in Seoul[인 써울: 서울에], in Gangwon-do[인 강원도: 강원도에]처럼요. from[프롬]은 방향을 나타내는 전치사로 '~로부터, ~에서'라는 의미입니다.

▶ 정답과 자세한 해설은 205쪽에 있습니다.

A 영어 단어와 우리말 뜻을 바르게 연결하세요.

(1) China •   • 인도

(2) Paris •   • 일본

(3) India •   • 중국

(4) Japan •   • 파리

(5) France •   • 프랑스

(6) the U.S. •   • 미국

B 다음 중 우리말 해석에 맞는 단어를 고르세요.

(1) I live (from / in) Japan. 저는 일본에 살아요.

(2) I'm (from / in) Australia. 저는 호주에서 왔어요.

C 다음 문장을 완성하세요.

(1) 저는 미국에서 왔어요.

    I'm _____ America.

(2) 저는 한국에서 왔어요.

    I'm _____ _____.

(3) 저는 부산(Busan)에 살아요.

    I live _____ _____.

(4) 저는 런던(London)에 삽니다.

    I _____ _____.

● 문장을 따라 쓰면서 연습해 보세요.

Where are you from?

I'm from Korea.

I'm from America.

I'm from Canada.

I live in Seoul.

I live in California.

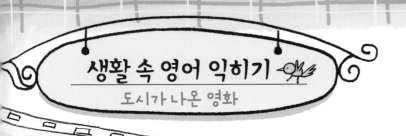
Roman Holiday 로마의 휴일

Roman Holiday[로먼 할리데이]는 Audrey Hepburn[오드리 헵번]과 Gregory Peck[그레고리 펙] 주연의 유명한 영화입니다. 로마(Rome)를 배경으로 펼쳐지는 왕녀와 기자 사이의 사랑 이야기죠. 이렇게 주인공 남녀의 알콩달콩한 사랑을 가볍게 다루는 영화를 romantic comedy[로맨틱 카미디]라고 합니다.

Sleepless in Seattle
시애틀의 잠 못 이루는 밤

Sleepless in Seattle[슬리프리스 인 씨애틀]은 Tom Hanks[탐 행크스]와 Meg Ryan[멕 라이언]이 주연한 1993년 영화입니다. sleepless[슬리프리스]는 '잠을 이루지 못하는'이라는 뜻으로, 미국 서부의 도시 Seattle[씨애틀]에서 부인과 사별하고 잠을 이루지 못하는 한 남자와, 그에게 운명적인 사랑을 느끼는 한 여자의 이야기입니다.

Midnight in Paris 미드나잇 인 파리

Midnight in Paris[미드나잇 인 패리스]는 Woody Allen[우디 앨런] 감독의 2011년 작품으로, 프랑스 파리(Paris)를 배경으로 하고 있습니다. midnight[미드나잇]은 '자정, 한밤중'이라는 뜻입니다. 혼자 밤거리를 거닐던 주인공은 어쩌다 1920대로 가게 되어 Hemingway[헤밍웨이]나 Picasso[피카쏘] 같은 예술가들을 만나게 됩니다.

⑤ I'm at home.
난 집에 있어.

Harim **I'm at home.**
아임 앳 홈

I'm in my bedroom.
아임 인 마이 베드룸

Aarav **I'm at my restaurant.**
아임 앳 마이 레스토런트

I'm in the kitchen.
아임 인 더 키친

(말하기 공식)

I'm at + 장소 **.**   나는 _____에 있다.

I'm in + 장소 안의 공간 **.**   나는 _____에 있다.

하림　난 집에 있어. 내 방에 있어.

아라브　난 식당에 있어. 부엌에 있어.

I'm ~ [아임] 나는 ~에 있다　단어

at [앳] ~에

home [호움] 집

bedroom [베드룸] 침실

restaurant [레스토런트] 식당

the [더] 그

kitchen [키친] 부엌

장소와 내부 공간

bedroom[베드룸]과 bathroom[배쓰룸]의 발음 차이에 유의하세요.

house [하우스] 집

cafe [카페이] 카페

shop [샵] 가게

school [스쿨] 학교

building [빌딩] 건물

library [라이브러리] 도서관

bathroom [배쓰룸] 욕실, 화장실

living room [리빙 룸] 거실

dining room [다이닝 룸] 식당방

garden [가든] 정원

yard [야드] 뜰, 마당

rooftop [루프탑] 옥상

장소와 내부 공간

be동사는 '~이다'라는 뜻 외에 어디에 '있다'라는 뜻도 있어요. 어떤 장소에 있다고 할 때는 I'm at ~을 쓰고, 그 장소 내부의 공간에 있다고 할 때는 I'm in ~을 씁니다. 즉, 집에 있다고 하면 I'm at home.[아임 앳 홈] 또는 I'm at my house.[아임 앳 마이 하우스]라고 하면 되고, 집 안의 어떤 공간에 있는지 말할 때는 I'm in ~을 쓰면 되겠죠. 가령 부엌에 있다고 하려면 I'm in the kitchen.[아임 인 더 키친]이라고 합니다.

음식을 만드는 부엌(kitchen)과 달리 식사하는 공간은 dining room[다이닝 룸]이라고 해요. garden[가든]과 yard[야드]는 둘 다 '뜰, 정원'이지만 차이가 있어요. garden은 꽃이 만발하고 손수 돌보는 정원을 뜻하고 yard는 잔디가 있는 야외 공간을 말해요. 또, rooftop[루프탑]은 '옥상'을 말하는데, rooftop 앞에는 in이 아니라 on[온]을 쓰는 것에 주의하세요. (I'm on the rooftop.)

● **주어진 장소와 공간을 빈칸에 넣어 문장을 말해 보세요.**

my house
[마이 하우스]

I'm at _____.
저는 집에 있어요.

dining room
[다이닝 룸]

I'm in the _____.
저는 식당방에 있어요.

yard
[야드]

I'm in the _____.
저는 뜰에 있어요.

● **지금 자기가 어디에 있는지 말해 보세요.**

I'm at _____.

I'm in _____.

▶ 가능한 표현들을 226쪽에서 확인해 보세요.

어디 계세요?

질문 **Where are you?**
웨어 아 유
어디 계세요?

대답 **I'm in the kitchen.**
아임 인 더 키친
저는 부엌에 있어요.

Where are you?

where[웨어]는 '어디에'이고, are는 '있다'라는 의미입니다. 그래서 Where are you?는 '당신은 어디에 있습니까?'라고 묻는 말입니다.

이 질문에 대한 대답은 앞에서 배운 것처럼 I'm at (장소).로 하거나, I'm in (장소 안의 공간).으로 하면 됩니다.

● 빈칸에 알맞은 말을 넣어 대화를 완성해 보세요. ▶ 정답 206쪽

Yujin **Honey, where are you?**
여보, 당신 어디 있어요?

Junho **I'm in the   .**
욕실에 있어요.

Where are you?
당신은 어디 있어요?

Yujin **I'm in the   .**
저는 침실에 있어요.

bathroom

bedroom

장소 전치사, 정관사

● **장소 전치사**

전치사 at[앳], in[인], on[온]은 장소 앞에서 '~에' 또는 '~에서'라는 의미를 나타냅니다. 앞에서 배운 것처럼 at은 어떤 장소에 있을 때 쓰고, in은 그 장소 안의 공간에 있을 때 씁니다.

on은 어떤 것과 접촉되어 있을 때 써요. 가령 '탁자 위에 있는 접시'는 a plate on the table[어 플레이트 온 더 테이블]이라고 해요. 또한 교통수단을 이용할 때, 그 위에 올라 타고 있다는 의미로 on을 씁니다. on the bus[온 더 버스]는 '버스에 타고 있다'는 의미예요.

전치사	뜻	예
at	~에	at my house(내 집에), at school(학교에), at the bus stop(버스 정류장에)
in	~에, ~ 안에	in the bedroom(침실에), in the kitchen(부엌에), in the office(사무실에), in the yard(마당에)
on	~ 위에, ~에	on the table(탁자 위에), on the wall(벽에), on the bus(버스에)

● **정관사 the**

2과에서 배운 a[어]나 an[언]은 특정하지 않은 '하나'를 말할 때 쓰는 **부정관사**예요. 특정한 것을 말할 때는 '그'라는 뜻의 **정관사 the**[더]를 씁니다. 예를 들어, '나는 사과 한 개를 샀다.'라고 할 때는 특정하지 않은 사과 한 개이므로 an apple[언 애플]이라고 하고, '그런데 그 사과를 동생이 먹었다.'라고 할 때는 앞에서 언급한 '그 사과'이므로 the apple[디 애플]이라고 써요. 발음이 모음으로 시작하는 단어 앞에서는 the가 [디]로 발음되니 주의하세요.

앞에서 언급하지 않았더라도, 하나밖에 없는 것일 때 the를 씁니다. '태양'을 뜻하는 the sun[더 썬]이나 '달'을 뜻하는 the moon[더 문]처럼요. 나와 상대방이 모두 알고 있는 것에 대해 말할 때도 the를 씁니다. 예를 들어 I'm in the garden.(나는 정원에 있어요.)라고 할 때, 어떤 정원인지 말하는 사람과 듣는 사람 모두 알고 있기 때문에 the를 써요.

A 영어 단어와 우리말 뜻을 바르게 연결하세요.

(1) bathroom •　　　　　　　　　• 침실

(2) restaurant •　　　　　　　　　• 식당

(3) kitchen •　　　　　　　　　• 부엌

(4) garden •　　　　　　　　　• 욕실, 화장실

(5) bedroom •　　　　　　　　　• 정원

B 괄호 안에서 알맞은 단어를 고르세요.

(1) I'm (at / in) the bathroom. 나는 욕실에 있어요.

(2) I'm (at / in) school. 나는 학교에 있어요.

(3) I'm (at / on) the bus. 나는 버스에 타고 있어요.

C 다음 문장을 완성하세요.

(1) 저는 집에 있어요.

　　I'm at _____.

(2) 저는 제 침실에 있어요.

　　I'm in my _____.

(3) 저는 정원에 있어요.

　　I'm _____ garden.

(4) 저는 그 카페에 있어요.

　　I'm at _____.

● 문장을 따라 쓰면서 연습해 보세요.

Where are you?

I'm at home.

I'm at my house.

I'm at my restaurant.

I'm in my bedroom.

I'm in the kitchen.

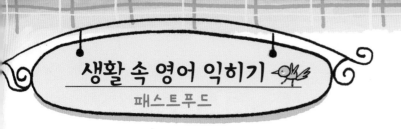

생활 속 영어 익히기
패스트푸드

fast food[패스트푸드]는 주문하면 빠르게 만들어져 나오는 음식을 말하죠. 햄버거, 치킨, 피자, 샌드위치 같은 음식이 대표적이에요. 패스트푸드 식당은 fast-food restaurant[패스트푸드 레스토런트]라고 합니다.

pizza 피자

pizza는 한글로 '피자'라고 표기하지만 영어 발음은 '핏자'에 가까워요. 요즘은 피자를 주문할 때 '도우'와 '토핑'을 선택할 수도 있죠? '도우'는 dough[도우]로 '반죽'이고, '토핑'은 topping[타핑]으로 도우 위에 올리는 여러 야채나 햄, 치즈 등을 말해요.

fried chicken 프라이드치킨

우리나라에서는 '치킨'이라고 하면 프라이드치킨을 떠올리지만 영어로 chicken[치킨]은 그냥 '닭고기'예요. 프라이드치킨은 영어로 fried chicken[프라이드 치킨]이라고 해요. '튀긴(fried) 닭고기(chicken)'라는 뜻이죠.

hamburger 햄버거

햄버거는 hamburger[햄버거] 또는 줄여서 burger[버거]라고 해요. sandwich[샌드위치]의 일종으로, bun[번]이라는 동글납작한 빵 사이에 고기와 야채를 넣어 먹는 음식이죠.

06 I have two children.
저는 아이들이 둘 있어요.

Junho **I have two children:**
아이 해브 투 칠드런

a son and a daughter.
어 썬 앤드 어 도터

Linda **I have three children:**
아이 해브 쓰리 칠드런

one son and two daughters.
원 썬 앤드 투 도터즈

말하기 공식

I have a/an/one + 단수 명사 **.**
나는 _____이 하나 있다.

I have two/three/four... + 복수 명사 **.**
나는 _____이 둘/셋/넷… 있다.

듣고 따라해 보세요.
06-1

준호 저는 아이들이 둘 있어요.

아들 하나와 딸 하나예요.

린다 저는 아이들이 셋 있어요.

아들 하나와 딸 둘이에요.

단어

have [해브] 가지고 있다, ~이 있다

two [투] 두 명의, 두 개의

children [칠드런] 자녀들, 아이들 (child의 복수형)

son [썬] 아들

and [앤드] ~과, 그리고

daughter [도터] 딸

three [쓰리] 세 명의, 세 개의

one [원] 한 명의, 한 개의

grandchild의 복수형은 grandchildren[그랜칠드런] 이에요.

가족

father [파더] 아버지

mother [마더] 어머니

parents [페어런츠] 부모

grandchild [그랜차일드] 손주

grandson [그랜썬] 손자

granddaughter [그랜도터] 손녀

grandfather [그랜파더] 할아버지

grandmother [그랜마더] 할머니

husband [허즈번드] 남편

wife [와이프] 아내

brother [브라더] 형, 오빠, 남동생

sister [씨스터] 누나, 언니, 여동생

표현 배우기

가족

아들, 딸의 성별을 구분하지 않고 '자녀, 아이'라고 말할 때는 child[차일드]를 써요. 두 명 이상일 때는 children[칠드런]이라고 합니다. 마찬가지로 손자, 손녀의 성별을 구분하지 않고 '손주'라고 할 때는 grandchild[그랜차일드], 두 명 이상이면 grandchildren[그랜칠드런]이라고 해요.

시댁이나 처가 식구, 사위, 며느리 같은 인척은 어떻게 표현할까요? 가족을 나타내는 단어 뒤에 '법(law)으로 맺어진'이라는 뜻의 in-law[인 로]를 붙입니다. father-in-law[파더 인 로]는 '시아버지, 장인어른', mother-in-law[마더 인 로]는 '시어머니, 장모님'이란 뜻이죠. '사위'는 son-in-law[썬 인 로], '며느리'는 daughter-in-law[도터 인 로]가 되겠죠.

● 주어진 가족을 빈칸에 넣어 문장을 말해 보세요.

child
[차일드]

I have one _____ .
저는 아이가 하나 있어요.

grandchild
[그랜차일드]

I have a _____ .
저는 손주가 하나 있어요.

● 빈칸에 자기 가족을 쓰고, 문장을 말해 보세요.

I have a/an _____ .

I have two/three/four... _____ .

▶ 가능한 표현들을 226쪽에서 확인해 보세요.

자녀분이 있으세요?

질문 **Do you have children?**
두 유 해브 칠드런
자녀분이 있으세요?

대답 **Yes, I have a daughter.**
예스 아이 해브 어 도터
네, 저는 딸이 하나 있어요.

Do you have ~?

Do you have ~?[두 유 해브]는 '당신은 ~을 가지고 있나요?'라는 질문이에요. 상대방에게 가족이나 물건이 있는지 물어볼 때 쓸 수 있어요. Do you have children?에서 children 대신에 grandchildren을 넣으면 '손주가 있으세요?'라는 뜻이 되죠.

이 질문에 대한 대답은 자녀(손주)가 있을 때는 Yes[예스]라고 한 후에 자녀(손주)가 몇 명 있는지 말하면 되겠죠. 자녀(손주)가 없을 때는 No, I don't.[노우 아이 돈트]라고 하면 됩니다.

● 빈칸에 알맞은 말을 넣어 대화를 완성해 보세요.   ▶ 정답 207쪽

Kevin **Do you have children?**
자녀분이 있으세요?

Yujin **Yes. I have   .**
네. 저는 아이가 둘 있어요.

Kevin **Do you have grandchildren?**
손주가 있으세요?

Yujin **No, I   .**
아뇨, 없어요.

two children

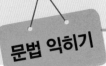

문법 익히기 목적어와 타동사

● **목적어**

목적어는 동사가 하는 행위의 대상이 되는 말입니다. '(무엇을) 가지고 있다'라고 할 때 '무엇을'에 해당하는 말이죠. 영어는 우리말과 달리 동사 뒤에 목적어가 나옵니다.

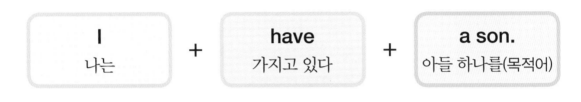

I have a pen.
[아이 해브 어 펜]
나는 펜을 하나 갖고 있습니다.

I have a sister.
[아이 해브 어 씨스터]
나는 여동생이 한 명 있어요.

● **타동사**

동사 중에서 뒤에 목적어가 꼭 와야 하는 동사를 **타동사**라고 합니다. have[해브]가 대표적인 타동사인데, '~을 가지고 있다'라는 뜻이니 반드시 '~을'에 해당하는 말이 와야 되겠죠.

흔히 쓰이는 타동사로는 '~을 좋아하다'라는 뜻의 like[라이크], '~을 사랑하다, 정말 좋아하다'라는 뜻의 love[러브], '~을 원하다'라는 뜻의 want[원트], '~을 사용하다'라는 뜻의 use[유즈], '~을 사다'라는 뜻의 buy[바이] 같은 것들이 있습니다.

A 영어 단어와 우리말 뜻을 바르게 연결하세요.

(1) child •
(2) grandchild •
(3) son •
(4) daughter •
(5) children •

• 딸
• 자녀들, 아이들
• 아들
• 손주
• 자녀, 아이

B 우리말 해석에 맞게 괄호 안의 단어를 배열하세요.

(1) 저는 아들이 둘 있어요. (sons / two / I / have)

→ _____

(2) 저는 손주가 셋 있어요. (three / have / grandchildren / I)

→ _____

C 다음 문장을 완성하세요.

(1) 저는 오빠가 한 명 있어요.

I have a _____ .

(2) 저는 손녀가 하나 있어요.

I have _____ _____ .

(3) 저는 자녀가 넷 있어요.

I have _____ _____ .

(4) 저는 손주가 둘 있어요.

I have _____ _____ .

● 문장을 따라 쓰면서 연습해 보세요.

I have one child.

I have two children.

I have a son.

I have a daughter.

I have a grandchild.

Do you have children?

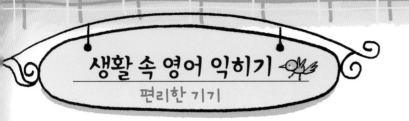
smartphone 스마트폰

요즘은 스마트폰 없는 사람이 없죠. '스마트폰'은 휴대전화에 여러 기능을 추가한 것으로, 똑똑한(smart) 전화기(phone)라는 뜻입니다. 흔히 '휴대전화'를 영국에서는 mobile phone[모바일 폰], 미국에서는 cell phone[쎌 폰]이라고 표현한다는 것도 알아 두세요.

vacuum cleaner 진공 청소기

'진공'이라는 뜻의 vacuum[배큠]과 '청소기'라는 뜻의 cleaner[클리너]가 합쳐진 vacuum cleaner[배큠 클리너]는 '진공 청소기'예요. 요즘 많이 쓰는 로봇 청소기는 robotic vacuum cleaner[로우바틱 배큠 클리너]라고 해요.

dishwasher 식기 세척기

dish[디쉬]가 '접시'이고 wash[워쉬]는 '닦다'니까 dishwasher[디쉬워셔]는 '접시 닦는 기계'라는 뜻이에요.

PC 컴퓨터

PC는 personal computer[퍼스널 컴퓨터]의 줄임말이에요. personal[퍼스널]은 '개인적인'이란 뜻으로, PC[피씨]는 '개인용 컴퓨터'를 뜻해요. '노트북 컴퓨터'는 laptop[랩탑]이라고 하는데, 무릎(lap) 위(top)에 올려 놓고 쓴다는 의미예요. '탁상용 컴퓨터'는 책상(desk) 위(top)에 놓는다는 의미로 desktop[데스크탑]이라고 합니다.

07 I don't like pasta.
저는 파스타를 좋아하지 않아요.

Junho **I like pasta.**
아이 **라이크** 파스타

Yujin **I don't like pasta.**
아이 **돈트** 라이크 파스타

Aarav **I love salad.**
아이 러브 쌜러드

Harim **I don't like salad.**
아이 돈트 라이크 쌜러드

말하기 공식

I like + 음식 **.**　　　　나는 _____을 좋아한다.

I don't like + 음식 **.**　　나는 _____을 좋아하지 않는다.

I love + 음식 **.**　　　　나는 _____을 정말 좋아한다.

듣고 따라해 보세요.
07-1

좋아하는 음식 말하기

좋아하지 않는 음식 말하기

준호   저는 파스타를 좋아해요.

유진   저는 파스타를 좋아하지 않아요.

아라브   저는 샐러드를 정말 좋아해요.

하림   저는 샐러드를 좋아하지 않아요.

단어

like [라이크] 좋아하다

pasta [파스타] 파스타

don't [돈트] ~하지 않다
(do not의 줄임말)

love [러브] 정말 좋아하다

salad [쌜러드] 샐러드

음식과 음료

'음식과 음료'를 통칭해서 food and beverage[푸드 앤 비버리지]라고 해요.

pizza [핏자] 피자
bread [브레드] 빵
hamburger [햄버거] 햄버거
chicken [치킨] 닭고기
beef [비프] 쇠고기
pork [포크] 돼지고기

coffee [커피] 커피
milk [밀크] 우유
tea [티] 차
juice [쥬스] 주스
wine [와인] 와인
beer [비어] 맥주

표현 배우기

호불호

'나는 ~을 좋아한다'를 나타내려면 '좋아하다'라는 동사 like[라이크] 다음에 좋아하는 물건, 사람, 음식, 운동 등의 표현을 넣으면 돼요. 그리고 문장 뒤에 very much[베리 머치]를 덧붙이면 '매우, 아주' 좋아한다는 것을 강조하게 됩니다. 즉, I like pasta very much.[아이 라이크 파스타 베리 머치] 라고 하면 파스타를 '매우' 좋아한다는 뜻이에요.

like 대신 love[러브]를 써서 좋아한다는 뜻을 강조할 수도 있어요. love는 '사랑한다' 즉 '정말 좋아한다'는 뜻이에요. I like pasta.[아이 라이크 파스타]보다 I love pasta.[아이 러브 파스타]가 좋아한다는 것을 더 강조하는 표현이죠.

좋아하지 않는 것을 표현할 때는 like 앞에 don't[돈트]를 넣어요. '나는 파스타를 좋아하지 않는다.' 는 I don't like pasta.[아이 돈트 라이크 파스타]라고 표현하면 됩니다.

● 주어진 단어를 빈칸에 넣어 호불호를 말해 보세요.

cheese
[치즈]

I like _____ .
저는 치즈를 좋아해요.

coffee
[커피]

I love _____ .
저는 커피를 정말 좋아해요.

milk
[밀크]

I don't like _____ .
저는 우유를 안 좋아해요.

● 자기가 좋아하는 음식과 좋아하지 않는 음식을 말해 보세요.

I like _____ .

I don't like _____ .

▶ 가능한 표현들을 227쪽에서 확인해 보세요.

프라이드치킨 좋아하세요?

질문 **Do you like fried chicken?**
　두　유 라이크 프라이드　치킨
프라이드치킨 좋아하세요?

대답 **No, I don't like fried chicken.**
　노우　아이 돈트 라이크 프라이드　치킨
아니요, 전 프라이드치킨을 좋아하지 않아요.

Do you like ~?

Do you like ~?[두 유 라이크]는 '~을 좋아하세요?'라고 묻는 표현입니다. ~ 자리에 음식 이름을 넣어 어떤 음식을 좋아하는지 물어볼 수 있어요.

이 질문에 대한 대답은 긍정일 때는 Yes, I do.[예스 아이 두] 또는 Yes, I like/love (음식).이라고 하고, 부정일 때는 No, I don't.[노우 아이 돈트] 또는 No, I don't like (음식).이라고 하면 됩니다.

● 빈칸에 알맞은 말을 넣어 대화를 완성해 보세요.　　　　　　　　　　▶정답 208쪽

Sejun **Do you like bread?**
　　　빵 좋아하세요?

Julie **Yes, I love　　　　　　　　　.**
　　　응, 나는 빵을 정말 좋아해.

　　　Do you like bread?
　　　너는 빵 좋아하니?

Sejun **No, I　　　　　　　　like bread.**
　　　아뇨, 저는 빵 안 좋아해요.

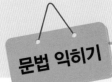

일반동사 부정문, 단위 명사

● 일반동사의 부정문

like[라이크]는 '좋아하다'라는 뜻의 일반동사입니다. I like[아이 라이크] 다음에 '무엇을' 좋아하는지 대상(음식, 운동, 물건, 사람)을 쓰면 '나는 ~을 좋아한다'라는 의미의 문장이 됩니다. 그러면 '나는 ~을 좋아하지 않는다'라고 **부정문**을 만들 때는 어떻게 할까요? 동사 앞에 don't[돈트]를 넣어 주면 됩니다. don't는 do not[두 낫]의 줄임말이에요.

I like pasta.
[아이 라이크 파스타]
나는 파스타를 좋아해요.

I don't like pasta.
[아이 돈트 라이크 파스타]
나는 파스타를 안 좋아해요.

● 단위 명사

음식과 음료는 셀 수 없는 명사인 것이 많습니다. 예를 들어 pasta[파스타]는 셀 수 없는 명사입니다. 우리가 2과에서 배운 것처럼 셀 수 없는 명사 앞에는 관사 a나 an을 붙이지 않습니다.

하지만 **단위 명사**를 사용하면 셀 수 없는 명사를 셀 수 있답니다. a bowl of pasta[어 보울 오브 파스타]라고 하면 '파스타 한 그릇'이라는 뜻이 되고, a slice of pizza[어 슬라이스 오브 핏자]라고 하면 '피자 한 조각', a cup of coffee[어 컵 오브 커피]는 '커피 한 잔'이라는 뜻입니다.

a slice of pizza.
[어 슬라이스 오브 핏자]
피자 한 조각

a cup of coffee.
[어 컵 오브 커피]
커피 한 잔

확인하기

▶ 정답과 자세한 해설은 208쪽에 있습니다.

A 영어 단어와 우리말 뜻을 바르게 연결하세요.

(1) pork •   • 돼지고기

(2) cheese •   • 차

(3) milk •   • 우유

(4) chicken •   • 치즈

(5) tea •   • 닭고기

B 우리말 해석에 맞게 괄호 안의 단어를 배열하세요.

(1) 저는 커피를 좋아해요. (like / I / coffee)

➡ _____

(2) 저는 쇠고기를 좋아하지 않아요. (like / beef / don't / I)

➡ _____

C 다음 문장을 완성하세요.

(1) 저는 햄버거를 좋아해요.

I _____ hamburgers.

(2) 저는 파스타를 좋아하지 않아요.

I _____ _____ pasta.

(3) 저는 김치를 아주 좋아해요.

I like kimchi _____ _____.

(4) 저는 치즈를 정말 좋아해요.

I _____ _____.

● 문장을 따라 쓰면서 연습해 보세요.

I like pasta.

I don't like pasta.

I love salad.

I like pizza very much.

Do you like fried chicken?

No, I don't like fried chicken.

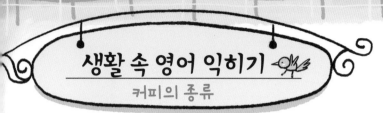

생활 속 영어 익히기
커피의 종류

espresso 에스프레소

espresso[에스프레쏘]는 이탈리아어로 '빠른'이라는 뜻인데요, 고온의 물을 커피 가루에 부어 빠르게 추출한 커피예요. 굉장히 진하고 써서 작은 잔으로 마셔요.

Americano 아메리카노

Americano[어메리카노]는 이탈리아어로 '미국의'란 뜻인데 미국인들이 에스프레소에 뜨거운 물을 부어 연하게 마시는 데서 유래되었다고 합니다. 재미있게도 정작 미국에 가면 이 메뉴가 없답니다.

caffe latte 카페 라떼

caffe latte[카페이 라테이]는 에스프레소에 뜨거운 우유를 넣어 만든 진하고 부드러운 커피예요. caffe[카페이]는 이탈리아어로 '커피(coffee)', latte[라테이]는 '우유'라는 뜻입니다.

cappuccino 카푸치노

cappuccino[캐푸치노]는 카페 라떼와 비슷한데 우유 거품을 얹고 계피 가루를 뿌려 마시는 커피예요.

iced ~ 아이스

시원한 커피를 원할 때는 앞에 '얼음을 넣은'이라는 뜻의 iced[아이스트]를 붙여 iced Americano[아이스트 어메리카노], iced caffe latte[아이스트 카페이 라테이]라고 하면 돼요.

숫자 읽기

one
[원]

two
[투]

three
[쓰리]

four
[포]

five
[파이브]

six
[씩스]

seven
[쎄븐]

eight
[에잇]

nine
[나인]

ten
[텐]

eleven
[일레븐]

twelve
[트웰브]

thirteen
[써틴]

fourteen
[포틴]

fifteen
[피프틴]

sixteen
[씩스틴]

seventeen
[쎄븐틴]

eighteen
[에이틴]

nineteen
[나인틴]

twenty
[트웬티]

21 twenty-one
[트웬티원]

22 twenty-two
[트웬티투]

23 twenty-three
[트웬티쓰리]

24 twenty-four
[트웬티포]

25 twenty-five
[트웬티파이브]

26 twenty-six
[트웬티씩스]

27 twenty-seven
[트웬티쎄븐]

28 twenty-eight
[트웬티에잇]

29 twenty-nine
[트웬티나인]

30 thirty
[써티]

40 forty
[포티]

50 fifty
[피프티]

60 sixty
[씩스티]

70 seventy
[쎄븐티]

80 eighty
[에이티]

90 ninety
[나인티]

100 one hundred
[원 헌드레드]

October

S	M	T	W	T	F	S
						1
2	3	4	5	6	7	8
9	10	11	12	13	14	15
16	17	18	19	20	21	22
23	24	25	26	27	28	29
30	31					

요일

Sunday [썬데이]　　일요일

Monday [먼데이]　　월요일

Tuesday [튜즈데이]　　화요일

Wednesday [웬즈데이]　　수요일

Thursday [써즈데이]　　목요일

Friday [프라이데이]　　금요일

Saturday [쌔터데이]　　토요일

first [퍼스트]	1일	**twentieth** [트웬티쓰]	20일
second [쎄컨드]	2일	**twenty-first** [트웬티퍼스트]	21일
third [써드]	3일	**twenty-second** [트웬티세컨드]	22일
fourth [포쓰]	4일	**twenty-third** [트웬티써드]	23일
fifth [피프쓰]	5일	**twenty-fourth** [트웬티포쓰]	24일
sixth [씩스쓰]	6일	**twenty-fifth** [트웬티피프쓰]	25일
seventh [쎄븐쓰]	7일	**twenty-sixth** [트웬티씩스쓰]	26일
eighth [에이쓰]	8일	**twenty-seventh** [트웬티쎄븐쓰]	27일
ninth [나인쓰]	9일	**twenty-eighth** [트웬티에이쓰]	28일
tenth [텐쓰]	10일	**twenty-ninth** [트웬티나인쓰]	29일
eleventh [일레븐쓰]	11일	**thirtieth** [써티쓰]	30일
twelfth [트웰프쓰]	12일	**thirty-first** [써티퍼스트]	31일
thirteenth [써틴쓰]	13일		
fourteenth [포틴쓰]	14일		
fifteenth [피프틴쓰]	15일		
sixteenth [씩쓰틴쓰]	16일		
seventeenth [쎄븐틴쓰]	17일		
eighteenth [에이틴쓰]	18일		
nineteenth [나인틴쓰]	19일		

January

[재뉴어리]

February

[페브루어리]

March

[마치]

April

[에이프럴]

May

[메이]

June

[준]

July

[줄라이]

August

[오거스트]

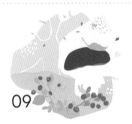

September

[쎕템버]

October

[악토버]

November

[노벰버]

December

[디쎔버]

07-8

What time is it? 지금 몇 시예요?
[왓 타임 이즈 잇]

It's eight o'clock. 8시 정각이에요.
[이츠 에잇 어클락]

It's eight twenty-four. 8시 24분이에요.
[이츠 에잇 트웬티포]

It's one thirty. 1시 30분이에요.
[이츠 원 써티]

It's half past one. 1시 반이에요.
[이츠 해프 패스트 원]

It's eleven fifty-five. 11시 55분이에요.
[이츠 일레븐 피프티파이브]

It's five to twelve. 12시 5분 전이에요.
[이츠 파이브 투 트웰브]

영상 강의

08 I get up at 7.
저는 7시에 일어나요.

Yujin

I get up at 7.
아이 겟업 앳 쎄븐

I go for a swim at 9.
아이 고우 포러 스윔 앳 나인

I do housework in the afternoon.
아이 두 하우스워크 인 디 애프터눈

I drink tea in the evening.
아이 드링크 티 인 디 이브닝

말하기 공식

I + 동사 + at + 시간 .　　　　나는 ___시에 ___한다.

I + 동사 + in + 오전·오후·저녁 . 나는 ___에 ___한다.

I + 동사 + on + 날·요일 .　　　나는 ___에 ___한다.

듣고 따라해 보세요.
08-1

유진 저는 7시에 일어나요.

저는 9시에 수영하러 가요.

저는 오후에 집안일을 해요.

저는 저녁에 차를 마셔요.

get up [겟업] 일어나다

go [고우] 가다

for [포] ~을 위해, ~을 하러

swim [스윔] 수영; 수영하다

do [두] 하다

housework [하우스워크] 집안일

afternoon [애프터눈] 오후

drink [드링크] 마시다

tea [티] 차

evening [이브닝] 저녁

단어

자주 쓰는 시간 표현

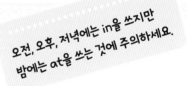

오전, 오후, 저녁에는 in을 쓰지만 밤에는 at을 쓰는 것에 주의하세요.

at noon [앳 눈] 정오에
in the morning [인 더 모닝] 아침에, 오전에
in the afternoon [인 디 애프터눈] 오후에
in the evening [인 디 이브닝] 저녁에
at night [앳 나잇] 밤에
on the weekend [온 더 위켄드] 주말에

일과와 활동

일과와 활동을 말할 때 go[고우]가 들어간 표현을 많이 써요. 학교에 가는 것은 go to school[고우 투 스쿨], 출근하는 것은 go to work[고우 투 워크]라고 하죠. 산책을 가는 것은 go for a walk[고우 포러 워크]라고 하고, 수영을 가는 것은 go for a swim[고우 포러 스윔] 또는 go swimming[고우 스위밍]이라고 해요. 잠자리에 든다는 것은 go to bed[고우 투 베드]라고 하죠.

그럼 집 안에서 하는 활동은 어떻게 표현할까요? '영화를 보다'는 watch a movie[워치 어 무비], '티브이를 보다'는 watch TV[워치 티비]라고 해요. '책을 읽는다'는 read a book[리드 어 북], '신문을 본다'는 read the newspaper[리드 더 뉴즈페이퍼]라고 합니다. 또 공부한다고 할 때는 study[스터디]를 써요.

참고로 영어에서는 동사 하나에 다른 단어를 붙여서 또 다른 의미의 동사로 쓰는 경우가 많아요. '일어나다'의 get up[겟업], '외식하다'의 eat out[잍아웃]이 그 예입니다. 일상에서 대화할 때 많이 쓰이니, 이런 표현도 알아 두면 좋아요.

● 주어진 표현을 빈칸에 넣어 문장을 말해 보세요.

read a book
[리드 어 **북**]

I _____ in the morning.
저는 오전에 책을 읽어요.

have lunch
[해브 런치]

I _____ at noon.
저는 정오에 점심을 먹어요.

● 자기가 언제 무슨 활동을 하는지 말해 보세요.

I _____ at/in/on _____ .

▶ 가능한 표현들을 227쪽에서 확인해 보세요.

오전에 뭘 하시나요?

질문 **What do you do in the morning?**
왓 두 유 두 인 더 모닝
오전에 뭘 하시나요?

대답 **I watch TV.**
아이 워치 티비
텔레비전을 봐요.

What do you do in the morning?

What do you do?[왓 두 유 두]는 직업을 묻는 표현이라고 2과에서 배웠는데요, What do you do
뒤에 시간 표현을 쓰면 '~에 무엇을 하세요?' 하고 묻는 말이 됩니다.

이 질문에 대한 대답은 앞에서 배운 여러 가지 활동 표현을 써서 답하면 됩니다.

● 빈칸에 알맞은 말을 넣어 대화를 완성해 보세요.
▶ 정답 209쪽

Linda **What do you do in the morning?**
오전에 뭘 하세요?

Aarav **I _____.**
저는 한국어를 공부해요.

What do you do in the morning?
오전에 뭘 하세요?

Linda **I _____.**
저는 신문을 읽어요.

study Korean

read the newspaper

시간 전치사

● 시간 전치사 at, in, on

전치사 at[앳], in[인], on[온]은 모두 '~에'라는 뜻이에요. '시간'을 나타낼 때 우리말에서는 무엇에 든지 '~에'를 붙이면 되지만 영어에서는 at, in, on의 쓰임이 달라 구별해서 사용해야 합니다.

at은 '7시, 11시 반, 정오'처럼 특정 시각 앞에 사용합니다. 하루 중 그보다 넓은 범위의 시간, 즉 '오전, 오후, 저녁'에는 in을 써야 합니다. 그런데 예외적으로 '밤'에는 at을 써서 at night[앳 나잇] 이라고 합니다.

on은 날짜, 요일, 주말 앞에 사용합니다. 참고로 매주 특정 요일에 반복되는 일정을 말할 때는 요일에 -s를 붙입니다. 예를 들어 on Sunday[온 썬데이]라고 하면 '일요일에'인데, on Sundays[온 썬데이즈]라고 하면 '일요일마다'라는 뜻이에요. I play tennis on Sundays.[아이 플레이 테니스 온 썬데이즈]라고 하면 일요일마다 테니스를 친다는 뜻이죠.

at	+	11:30 noon night
in	+	the morning the afternoon the evening
on	+	Sunday Sundays August 4 the weekend

A 영어 단어와 우리말 뜻을 바르게 연결하세요.

(1) go •　　　　　　　　• 하다

(2) swim •　　　　　　　• 수영; 수영하다

(3) do •　　　　　　　　• 마시다

(4) drink •　　　　　　　• 공부하다

(5) study •　　　　　　　• 가다

B 괄호 안에서 알맞은 전치사를 고르세요.

(1) I eat lunch (at / in) noon. 나는 정오에 점심을 먹어요.

(2) I meet a friend (on / in) the afternoon. 나는 오후에 친구를 만나요.

(3) I read a book (in / on) the weekend. 나는 주말에 책을 읽어요.

C 다음 문장을 완성하세요.

(1) 나는 7시에 아침을 먹습니다.

I ＿＿＿＿＿＿＿＿ breakfast at 7.

(2) 나는 6시에 일어납니다.

I ＿＿＿＿＿＿＿＿＿＿＿＿ at 6.

(3) 나는 저녁에 텔레비전을 봅니다.

I ＿＿＿＿＿＿＿ TV in the ＿＿＿＿＿＿.

(4) 나는 9시에 잠자리에 듭니다.

I go to ＿＿＿＿＿＿＿＿＿＿ 9.

문장 따라 쓰기

● 문장을 따라 쓰면서 연습해 보세요.

I get up at 7.

I go for a swim at 9.

I do housework in the afternoon.

I drink tea in the evening.

What do you do in the morning?

I study Korean.

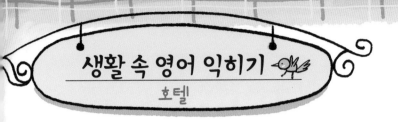

front desk 프런트

호텔에서 숙박 수속을 하는 곳을 흔히 '프런트'라고 하는데, 올바른 표현은 front desk[프런트 데스크]입니다. 또 다른 말로는 reception[리쎕션]이라고도 하는데, 영국에서 많이 쓰이는 말이니 같이 알아 두세요. 참고로 입실 수속은 check-in[체크인], 퇴실 수속은 checkout[체크아웃]이라고 합니다.

lobby 로비

호텔에 들어가면 의자와 테이블이 놓여 있어서 사람을 만나거나 기다릴 수 있는 공간을 lobby[라비]라고 합니다.

VIP 브이아이피

VIP[비아이피]는 very important person[베리 임포턴트 퍼슨]의 줄임말로 '매우 중요한 사람'이라는 뜻입니다. 호텔에서 VIP는 '귀빈' 또는 '최우수 고객'을 말하며, 일반 투숙객과 달리 특별한 대우를 받죠. VIP만 이용할 수 있는 방을 VIP room[비아이피 룸]이라고 하고, VIP 전용 휴게실을 VIP lounge[비아이피 라운지]라고 합니다.

room service 룸서비스

객실로 식사나 음료를 가져다 주는 서비스를 room service[룸 써비스]라고 하죠? 이는 콩글리쉬가 아닌 올바른 영어 표현입니다.

09

I can swim.
저는 수영할 줄 알아요.

Yujin **I can swim.**
아이 캔 스윔

Junho **I cannot swim.**
아이 캐낫 스윔

Yujin **I can't cook well.**
아이 캔트 쿡 웰

Junho **I can cook very well.**
아이 캔 쿡 베리 웰

말하기 공식

I can + 동사 **.** 나는 _____할 수 있다.

I cannot + 동사 **.** 나는 _____할 수 없다.

I can't + 동사 **.** 나는 _____할 수 없다.

유진	저는 수영할 줄 알아요.
준호	저는 수영을 못 해요.
유진	저는 요리를 잘 못해요.
준호	전 요리를 아주 잘할 수 있어요.

단어

can [캔] ~할 수 있다

swim [스윔] 수영하다

cannot [캐낫] ~할 수 없다

can't [캔트] ~할 수 없다
(cannot의 줄임말)

cook [쿡] 요리하다

well [웰] 잘

very [베리] 아주, 매우

여러 가지 능력

sing [씽] 노래하다
ski [스키] 스키 타다
play golf [플레이 골프] 골프 치다
take pictures [테이크 픽처즈] 사진 찍다
knit [니트] 뜨개질하다
play the guitar [플레이 더 기타] 기타 치다

dance [댄스] 춤추다
ride a bike [라이드 어 바이크] 자전거 타다
play tennis [플레이 테니스] 테니스 치다
draw pictures [드로 픽처즈] 그림 그리다
speak English [스피크 잉글리쉬] 영어를 하다
play the piano [플레이 더 피애노우] 피아노 치다

표현 배우기   능력

'~할 수 있다, ~할 줄 안다'라고 능력을 표현하고 싶을 때 can[캔]을 동사 앞에 쓰면 됩니다. '저는 수영할 수 있어요.'는 I can swim.[아이 캔 스윔]이라고 하는데, 뒤에 '잘'이라는 뜻의 well[웰]을 붙여 I can swim well.이라고 하면 '나는 수영을 잘할 수 있어요.'의 의미가 됩니다. 더욱 강조하고 싶을 때에는 '아주 잘'이라는 의미로 very well[베리 웰]을 쓰면 됩니다.

반대로 '~할 수 없다'라는 표현은 can 대신 can't[캔트]나 cannot[캐낫]을 쓰면 됩니다. 이때에도 물론 뒤에 well이나 very well을 붙일 수 있죠. '나는 수영을 잘 못해요.'라고 말하고 싶으면 I can't swim well.[아이 캔트 스윔 웰]이라고 표현하면 됩니다.

● 주어진 표현을 빈칸에 넣어 문장을 말해 보세요.

ski
[스키]

I can _____ .
나는 스키 탈 수 있어요.

play golf
[플레이 골프]

I can't _____ .
나는 골프를 못 쳐요.

sing
[씽]

I can _____ well.
나는 노래를 잘할 수 있어요.

● 자기가 할 수 있는 것과 못 하는 것에 대해 말해 보세요.

I can _____ .

I can't _____ .

▶ 가능한 표현들을 228쪽에서 확인해 보세요.

대화하기

기타 칠 줄 아세요?

질문 **Can you play the guitar?**
캔 유 플레이 더 기타
기타 칠 줄 아세요?

대답 **Yes, I can.**
예스 아이 캔
네, 칠 줄 알아요.

Can you ~?

You can ~.(당신은 ~할 줄 알아요.)에서 can을 you 앞으로 옮겨 Can you ~?라고 하면 '~할 줄 아세요?'라는 질문이 됩니다.

이 질문에 대한 대답은 할 수 있으면 Yes, I can.[예스 아이 캔]으로, 할 수 없으면 No, I can't.[노우 아이 캔트]로 합니다.

● 빈칸에 알맞은 말을 넣어 대화를 완성해 보세요. ▶ 정답 210쪽

Kevin **Can you speak English?**
영어 할 줄 아세요?

Yujin _____.

네, 할 수 있어요.

Can you speak Korean?
한국어 할 줄 아세요?

Kevin _____.

아뇨, 못 해요.

문법 익히기 · 조동사 can

● **조동사**

조동사는 동사 앞에서 동사를 도와주는 역할을 합니다. 동사에 뜻을 더해 주는 것이죠. 자주 쓰이는 조동사로는 can[캔: ~할 수 있다], will[윌: ~할 것이다], may[메이: ~일지도 모른다, ~해도 좋다], must[머스트: ~해야 하다] 등이 있습니다. 조동사 뒤에는 항상 동사의 원형(기본형)이 와야 합니다.

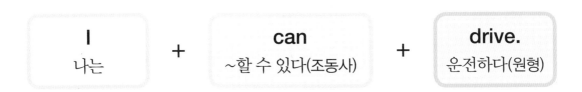

| I
나는 | **+** | **can**
~할 수 있다(조동사) | **+** | **drive.**
운전하다(원형) |

● **can**

can은 동사 앞에서 '~할 수 있다, ~할 줄 안다'라는 뜻을 더해 주는 조동사입니다. 반대로 '~할 수 없다, ~할 줄 모른다'라고 표현할 때에는 부정을 뜻하는 not[낫]을 can 뒤에 붙여서 'cannot + 동사원형'으로 쓰면 됩니다. cannot[캐낫]을 줄여서 can't[캔트]라고 합니다. 그런데 can과 not을 띄어서 can not이라고는 쓰지 않으니 주의하세요.

I can cook.
[아이 캔 쿡]
나는 요리할 수 있어요.

I can't cook.
[아이 캔트 쿡]
나는 요리 못 해요.

▶ 정답과 자세한 해설은
210쪽에 있습니다.

A 영어 단어와 우리말 뜻을 바르게 연결하세요.

(1) dance •   • 수영하다

(2) cook •   • 스키 타다

(3) speak •   • 요리하다

(4) ski •   • 말하다

(5) swim •   • 춤추다

B 우리말 해석에 맞게 괄호 안의 단어를 배열하세요.

(1) 저는 테니스를 칠 수 있어요. (can / I / tennis / play)

→ _____

(2) 저는 영어를 말할 줄 몰라요. (speak / I / English / cannot)

→ _____

C 다음 문장을 완성하세요.

(1) 나는 수영할 수 있어요.

I can _____.

(2) 나는 운전을 못 해요.

I _____ _____.

(3) 나는 요리를 잘할 수 있어요.

I can _____ _____.

(4) 나는 노래를 썩 잘 못해요.

I _____ sing very _____.

● 문장을 따라 쓰면서 연습해 보세요.

I can swim.

I cannot swim.

I can't cook well.

I can cook very well.

Can you play the guitar?

Yes, I can.

sedan 세단

sedan[씨댄]은 차문이 보통 네 개이고 트렁크(trunk)가 있는 4~5인승 승용차를 말합니다. 고급 세단은 luxury sedan [럭셔리 씨댄]이라고 해요.

SUV 에스유브이

SUV는 sports utility vehicle[스포츠 유틸리티 비히클]의 약자로 '스포츠 유틸리티 차량'이라고 합니다. utility[유틸리티]는 '유용함'이라는 뜻으로, 스포츠나 레저를 즐기기에 좋은 차량이에요. 사륜구동이라서 험한 길을 가기에 적합해요.

minivan 미니밴

minivan[미니밴]은 승합차인 van[밴]보다는 작고 승용차보다는 큰 '소형 승합차'를 말해요. 보통 7~9인까지 탑승할 수 있습니다. 요즘 캠핑 열풍으로 인기가 많은 차종이에요.

이번에는 내 말을 듣는 상대방에게 말해 볼 차례입니다.
상대방의 성격과 특징을 말해 보세요.
또, 상대방에게 어떤 동작을 하라고 지시하고,
활동을 같이 하자고 제안하는 표현도 배워 봅시다.

상대방에게 말하기

⑩ You are very sweet.
당신은 참 다정해요.

Linda **Honey, I'm old now.**
허니　아임　올드　나우

Kevin **You are not old.**
유　아　낫　올드

You look great.
유　룩　그레잇

Linda **You are very sweet.**
유　아　**베리**　스위트

말하기 공식

You are (very) + 형용사 **.**　　너는 (참) _____ 하다.

You are not + 형용사 **.**　　너는 _____ 하지 않다.

You look + 형용사 **.**　　너는 _____ 해 보인다.

린다	여보, 난 이제 늙었어요.
케빈	당신 안 늙었어요.
	아주 멋져 보여요.
린다	당신은 참 다정해요.

honey [허니] 여보, 자기야 　단어

old [올드] 늙은, 나이 든

now [나우] 이제, 지금

you [유] 너는, 당신은

are [아] ~이다

look [룩] ~하게 보이다

great [그레잇] 아주 멋진

very [베리] 아주, 매우

sweet [스위트] 다정한

사람을 묘사하는 형용사

kind [카인드] 친절한

funny [퍼니] 재미있는, 웃긴

smart [스마트] 똑똑한

beautiful [뷰티풀] 아름다운

pretty [프리티] 예쁜

cute [큐트] 귀여운

wise [와이즈] 현명한

cheerful [치어풀] 쾌활한

lazy [레이지] 게으른

shy [샤이] 수줍음이 많은

lovely [러블리] 매력적인, 사랑스러운

friendly [프렌들리] 상냥한

칭찬

상대방의 성격이나 외모 등을 묘사하고자 할 때 You are ~.[유 아]라고 표현합니다. 앞 페이지에서 배운, 성격을 묘사하는 형용사(kind, cheerful 등)나 외모를 묘사하는 형용사(pretty, beautiful, cute 등)를 ~ 자리에 넣어 표현하면 돼요. 형용사 앞에 very[베리: 아주, 매우]를 넣으면 뜻이 강조됩니다.

특히 상대방의 외모를 칭찬하고 싶을 때에는 You look ~.[유 룩]을 자주 씁니다. 동사 look[룩]은 '~해 보이다'라는 뜻으로, 뒤에 외모를 묘사하는 형용사를 넣으면 돼요. You look great.(너 아주 멋져 보인다.) 또는 You look beautiful.(너 아름다워 보인다.)처럼요.

'어떤 옷을 입으니까 ~해 보인다'라고 하려면 You look + 형용사 뒤에 'in + 옷'을 써요. 예를 들어 You look great in that suit.(너 그 정장을 입으니 아주 멋져 보인다.)라고 칭찬할 수 있습니다.

● 주어진 표현을 빈칸에 넣어 문장을 말해 보세요.

smart	kind	beautiful
[스마트]	[카인드]	[뷰티풀]

You are _____.
너 똑똑하구나.

You're _____.
친절하시네요.

You look _____.
아름다워 보이세요.

● 가까이 있는 사람을 칭찬하는 문장을 말해 보세요.

You are _____.

You look _____.

▶ 가능한 표현들을 229쪽에서 확인해 보세요.

오늘 저 어때 보여요?

질문 **How do I look today?**
하우 두 아이 룩 투데이
오늘 저 어때 보여요?

대답 **You look great.**
유 룩 그레잇
아주 멋져 보여요.

How do I look?

how[하우]는 '어떻게'라는 뜻의 의문사입니다. How do I look?[하우 두 아이 룩]은 '내가 어떻게 보이나요?'라는 의미로, 어떤 옷을 입었는데 어때 보이는지 물을 때 주로 쓰는 표현입니다.

이 질문에 대한 대답은 앞에서 배운 것처럼 You look (형용사).라고 하면 됩니다.

● 빈칸에 알맞은 말을 넣어 대화를 완성해 보세요.   ▶ 정답 211쪽

Junho   **How do I look today?**
오늘 나 어때 보여요?

Yujin   **You   .**
아주 멋져 보여요.

How do I look?
나는 어때 보여요?

Junho   **You   .**
매력적으로 보여요.

10 당신은 참 다정해요. **111**

be동사/look+형용사

● be동사 + 형용사

3과에서 I am + 형용사(나는 ~하다).라는 문장을 배웠는데, 이번에는 주어가 you[유]일 경우를 살펴볼게요. be동사는 am, are, is 세 가지 형태가 있다고 했죠? 그중에서 you는 are[아]와 짝을 이뤄 You are[유 아]로 쓰는데, 이것을 줄여서 You're[유어]로 쓸 수 있습니다. '너는 ~하지 않다'라고 말할 때에는 are 뒤에 not[낫]을 붙이면 됩니다.

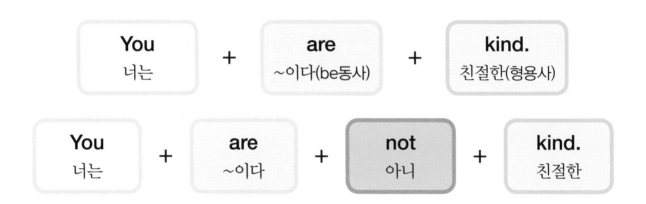

● look + 형용사

look[룩]은 '~해 보이다'라는 뜻의 일반동사로, 뒤에 외모나 상태를 뜻하는 형용사를 붙일 수 있어요. You look tired.[유 룩 타이어드]는 '너 피곤해 보인다.'로 상대방의 상태를 표현합니다.
이를 부정문으로 만들 때에는 7과에서 배운 것처럼 look 앞에 don't[돈트]를 넣어 줍니다.

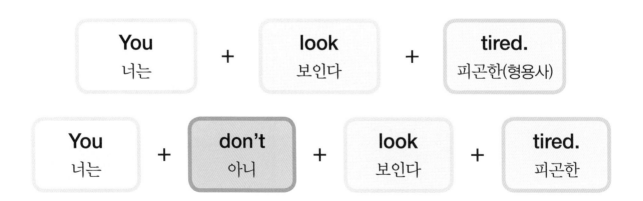

A 영어 단어와 우리말 뜻을 바르게 연결하세요.

(1) pretty •   • 친절한

(2) kind •   • 귀여운

(3) cute •   • 예쁜

(4) wise •   • 수줍음이 많은

(5) shy •   • 현명한

B 우리말 해석에 맞게 괄호 안의 단어를 배열하세요.

(1) 당신은 참 친절하시네요. (kind / are / You / very)

→ _____

(2) 당신은 늙지 않았어요. (You / not / are / old)

→ _____

C 다음 문장을 완성하세요.

(1) 당신은 젊어 보여요.

You _____ young.

(2) 당신은 오늘 아주 멋져 보여요.

You _____ _____ today.

(3) 당신은 참 다정하시네요.

You _____ _____ sweet.

(4) 당신은 게으르지 않아요.

You _____ _____ _____ .

문장
따라 쓰기

● 문장을 따라 쓰면서 연습해 보세요.

You are not old.

You look great.

You are very sweet.

You are smart.

How do I look today?

You look lovely.

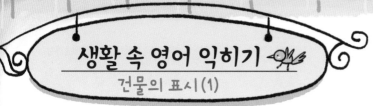

OPEN 개점 / CLOSE 폐점

가게의 영업 여부나 영업시간을 나타내는 표현입니다.
open[오픈]은 '열다'란 뜻으로 개점을 뜻하고,
close[클로즈]는 '닫다'란 뜻으로 폐점을 뜻하지요.

PULL 당기세요 / PUSH 미세요

pull[풀]은 '당기다', push[푸쉬]는 '밀다'란 뜻인데, 가게 문에
써 있는 것 많이 보셨죠? 두 단어를 혼동하면 힘을 반대로
주다가 낭패를 볼 수 있으니 잘 구별해야겠지요.

TOILET 화장실

toilet[토일릿]은 '화장실'을 뜻하는 말로 restroom[레스트룸]도 같
은 뜻입니다. 남자 화장실에는 Man[맨: 남자] 혹은 Gentleman
[젠틀맨: 신사]이라고 써 있고, 여자 화장실에는 Woman[워먼: 여자]
혹은 Lady[레이디: 숙녀]라고 써 있지요.

EXIT 출구, 비상구

주차장에서 보면 EXIT[엑씻]이라고 쓴 초록색 표지판
이 있는데요, '출구'라는 뜻입니다. 출구 외에 '탈출구'라
는 뜻도 있어서 비상시에 대피하는 곳을 의미하니, EXIT
이라는 표시가 있으면 눈여겨봐 두어야겠죠?

⑪ Open your mouth.
입을 벌리세요.

Dentist **Come in, Mr. Lee.**
컴　인 미스터 리

Please sit here.
플리즈　씻　히어

Open your mouth.
오픈　유어　마우쓰

Don't move.
돈트　무브

말하기 공식

동사 . _____해라.

Don't + 동사 . _____하지 마라.

듣고 따라해 보세요.
11-1

치과 의사 들어오세요, 이 선생님.

여기에 앉으세요.

입을 벌리세요.

움직이지 마세요.

dentist [덴티스트] 치과 의사

come [컴] 오다

Mr. [미스터] ~ 씨, 선생님
(남자의 성 앞에 붙이는 말)

please [플리즈] (정중하게 부탁할
때 쓰는 말)

sit [씻] 앉다

here [히어] 여기에

open [오픈] 열다, 벌리다

mouth [마우쓰] 입

move [무브] 움직이다

신체 부위

tooth의 복수형은 teeth[티쓰],
foot의 복수형은 feet[피트]예요.

eye [아이] 눈

ear [이어] 귀

arm [암] 팔

neck [넥] 목

hand [핸드] 손

finger [핑거] 손가락

nose [노우즈] 코

head [헤드] 머리

leg [레그] 다리

tooth [투쓰] 이, 치아

foot [풋] 발

toe [토우] 발가락

표현 배우기

동작

동작을 나타내는 표현은 반대되는 표현을 함께 기억하는 것이 좋아요.

up[업]은 위를, down[다운]은 아래를 나타내요. '일어서다' stand up[스탠드업]의 반대는 '앉다' sit down[씻다운]이에요. put up[풋업]은 '(위로) 들어 올리다'이고, 반대로 put down[풋다운]은 '(아래로) 내려놓다'예요. turn up[턴업]은 온도나 소리를 '올리는' 것을 말하고, turn down[턴다운]은 반대로 '줄이는' 것을 말해요.

on[온]과 off[오프]는 접촉과 떨어짐, 또는 켜짐과 꺼짐을 나타냅니다. '옷을 입다'는 put on[풋온]이고, 반대로 '벗다'는 take off[테이크오프]예요. turn on[턴온] 또는 switch on[스위치온]은 '켜다'이고, turn off[턴오프]나 switch off[스위치오프]는 '끄다'입니다.

그밖에 동작을 나타내는 표현으로 touch[터치: 만지다], wash[워쉬: 씻다], move[무브: 움직이다] 등이 있어요.

● 주어진 표현을 빈칸에 넣어 문장을 말해 보세요.

stand up
[스탠드업]

_____, please.

일어나 주세요.

take off
[테이크오프]

_____ your hat.

모자를 벗으세요.

● 상대방에게 동작을 지시하거나 금지하는 문장을 말해 보세요.

_____, please.

Don't _____.

▶ 가능한 표현들을 229쪽에서 확인해 보세요.

대화하기 손을 씻으세요.

지시 **Please wash your hands.**
플리즈   워쉬   유어   핸즈
손을 씻으세요.

대답 **Okay.**
오케이
알겠습니다.

Please ~.

wash[워쉬]는 '씻다'라는 뜻으로 Wash your hands.[워쉬 유어 핸즈]는 '손을 씻으세요.'라는 뜻이에요. 이때 문장의 앞이나 뒤에 please[플리즈]를 붙이면 더 부드럽고 정중한 표현이 돼요.
이에 대해 알겠다는 의미를 간단히 표현하고 싶을 때에는 Okay.[오케이] 또는 Sure.[슈어]라고 하면 됩니다.

● 빈칸에 알맞은 말을 넣어 대화를 완성해 보세요.

▶ 정답 212쪽

Clerk   **Please   .**
마스크를 써 주세요.

Kevin   **Okay.**
알겠습니다.

Clerk   **Please don't take it off.**
그걸 벗지 마세요.

Kevin   **Sure.**
그럼요.

Please put on your mask.

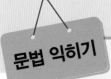

명령문, 명사의 복수형

● **명령문**

상대방에게 지시하거나 명령할 때는 주어 없이 동사로 문장을 시작합니다. '여기 앉으세요.'는 동사 sit을 써서 Sit here.[씻 히어]라고 하면 돼요. 반대로 '~하지 마세요.'라고 할 때는 '**Don't + 동사**'라고 하면 됩니다. '여기 앉지 마세요.'는 Don't sit here.[돈 씻 히어]라고 해요.

명령문의 앞이나 뒤에 please[플리즈]를 붙이면 더 부드럽거나 정중하게 표현할 수 있어요. Please sit here.[플리즈 씻 히어] 또는 Sit here, please.[씻 히어 플리즈] 이렇게요.

● **명사의 복수형**

셀 수 있는 명사가 두 개 이상일 때 뒤에 보통 -s를 붙이지만 명사가 -ch, -sh, -s, -x로 끝나면 -es를 붙여요. leaf[리프: 나뭇잎]처럼 f로 끝나는 단어는 f를 v로 바꾸고 -es를 붙여요.

불규칙한 복수형도 있으니 주의하세요. foot[풋]의 복수형은 feet[피트]이고 tooth[투쓰]의 복수형은 teeth[티쓰]랍니다. fish[피쉬]처럼 단수형과 복수형이 똑같은 것도 있어요.

hands
[핸즈]
손들

apples
[애플즈]
사과들

watches
[워치즈]
손목시계들

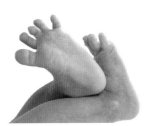

feet
[피트]
발들

leaves
[리브즈]
나뭇잎들

fish
[피쉬]
물고기들

A 영어 단어와 우리말 뜻을 바르게 연결하세요.

(1) head •   • 코

(2) mouth •   • 입

(3) finger •   • 머리

(4) nose •   • 손가락

(5) leg •   • 다리

B 다음 단어를 복수형으로 만드세요.

(1) hand (손) → _____   (2) arm (팔) → _____

(3) apple (사과) → _____   (4) watch (시계) → _____

(5) foot (발) → _____   (6) fish (물고기) → _____

C 다음 문장을 완성하세요.

(1) 눈을 뜨세요.

Open your _____.

(2) 손을 씻으세요.

_____ your hands.

(3) 일어나지 마세요.

_____ stand up.

(4) 여기 앉지 마세요.

Please _____ sit here.

● 문장을 따라 쓰면서 연습해 보세요.

Come in, Mr. Lee.

Please sit here.

Open your mouth.

Don't move.

Please wash your hands.

Please don't take it off.

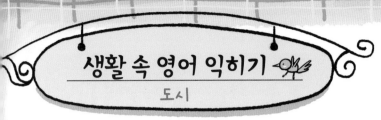

생활 속 영어 익히기
도시

city hall 시청

시청을 영어로 city hall[씨티 홀]이라고 합니다. hall[홀]은 회의나 공연 등을 하기 위한 커다란 공간을 말해요. 보통 시청은 도시의 중심부에 위치해 있는데, 도시의 중심부, 즉 도심은 city center[씨티 쎈터]라고 합니다.

bridge 다리

큰 강이 있는 도시에는 다리가 많이 있죠. 강은 영어로 river[리버]라고 하고, 다리는 bridge[브릿지]라고 합니다.

palace 궁전

궁전을 영어로 palace[팰리스]라고 합니다. 서울에는 고궁이 많은데요, 고궁은 royal palace[로열 팰리스]라고 하면 됩니다. royal[로열]은 '왕족의, 왕실의'라는 뜻으로, royal palace는 왕족이 거하는 궁을 말합니다.

statue 동상, 조각상

동상이나 조각상을 statue[스태츄]라고 하는데 이것이 도시의 상징이 되기도 해요. 대표적인 예가 미국 뉴욕의 자유의 여신상, the Statue of Liberty[더 스태츄 오브 리버티]입니다. 우리나라에서는 서울 광화문의 이순신 장군 동상이 유명하죠.

11 입을 벌리세요. **123**

⑫ Let's go for a walk.
우리 산책 가요.

Yujin **Let's go for a walk.**
레츠 고우 포러 워크

We need exercise.
위 니드 엑써싸이즈

Junho **I don't feel well.**
아이 돈트 필 웰

Let's not go out.
레츠 낫 고우 아웃

말하기 공식

Let's + 동사 **.** _____ 하자.

Let's not + 동사 **.** _____ 하지 말자.

듣고 따라해 보세요.
12-1

유진	우리 산책 가요.
	우린 운동이 필요해요.
준호	몸이 안 좋아요.
	밖에 나가지 말죠.

단어

let's [레츠] ~하자, ~합시다

walk [워크] 걷기, 산책; 걷다

we [위] 우리는

need [니드] ~이 필요하다

exercise [엑써싸이즈] 운동; 운동하다

feel [필] 느끼다

well [웰] 건강한

out [아웃] 밖에, 밖에서

활동을 나타내는 동사

walk와 work의 발음 차이에 주의하세요.

work [워크] 일하다
see [씨] 보다, 만나다
exercise [엑써싸이즈] 운동하다
eat out [잍아웃] 외식하다
make [메이크] 만들다
buy [바이] 사다

write [라이트] 쓰다
meet [미트] 만나다
study [스터디] 공부하다
drink [드링크] 마시다
play [플레이] 놀다, 연주하다
visit [비짓] 방문하다

표현 배우기 활동 제안

상대방에게 어떤 활동을 제안할 때 Let's ~.[레츠]로 문장을 시작해 보세요. 문장 맨 끝에 together [투게더]를 붙이면 '같이' 하자는 의미가 더욱 강조됩니다. Let's study together.(같이 공부합시다.) 처럼요. 반대로 어떤 활동을 하지 말자고 할 때는 Let's not ~.[레츠 낫]이라고 하면 됩니다.

'우리 ~할까요?'라고 제안할 때는 Shall we ~?[셸 위]라는 표현을 씁니다. Let's go for a walk.[레츠 고우 포러 워크] 대신 Shall we go for a walk?[셸 위 고우 포러 워크]라고 하면 '우리 산책 갈까요?'라고 조금 더 부드럽게 말하는 느낌을 주지요.

● 주어진 표현을 빈칸에 넣어 문장을 말해 보세요.

eat out
[잍아웃]

Let's _____ .

외식하죠.

exercise
[엑써싸이즈]

Let's _____ together.

같이 운동합시다.

● 상대방에게 제안하는 문장을 말해 보세요.

Let's _____ .

Let's not _____ .

▶ 가능한 표현들을 230쪽에서
확인해 보세요.

대화하기

그거 좋죠.

제안 **Let's go for a walk.**
레츠 고우 포러 워크
산책 갑시다.

대답 **Why not? Let's go.**
와이 낫 레츠 고우
그거 좋죠. 가요.

Why not?

상대방의 제안에 대해서 흔쾌히 승낙할 때 Why not?[와이 낫]이라는 표현을 씁니다. 직역하면 '왜 안 되겠어요?'라는 의미로, 안 될 이유가 없이 좋다는 뜻이죠. 그밖에 쓸 수 있는 승낙의 표현으로는 Okay.[오케이], Great.[그레잇], Sure.[슈어] 등이 있습니다.

제안을 거절할 때에는 미안함을 표시하면서 Sorry. I can't.[쏘리 아이 캔트]라고 하면 좋습니다. '미안해요. 난 못 해요.'라는 뜻이죠.

● 빈칸에 알맞은 말을 넣어 대화를 완성해 보세요.

▶ 정답 213쪽

Kevin **Let's   .**
저 영화 봅시다.

Linda **Why not?**
그거 좋죠.

Let's   .
팝콘 좀 사죠.

Kevin **Great.**
좋아요.

인칭대명사 we, Let's

● 인칭대명사 we

'우리'를 나타내는 인칭대명사는 we[위]입니다. '나'를 나타내는 인칭대명사에 I[아이: 나는], my[마이: 나의], me[미: 나를] 이렇게 세 가지 형태가 있었던 것처럼, '우리'를 나타내는 인칭대명사도 we[위: 우리는], our[아워: 우리의], us[어스: 우리를] 세 가지 형태가 있습니다.

대명사	격	뜻
we	주격(~는)	우리는
our	소유격(~의)	우리의
us	목적격(~를)	우리를

● Let's

Let's[레츠]는 Let us[렛 어스]의 줄임말로, let[렛]은 '~하게 하다'라는 뜻의 동사이고, us[어스]는 바로 위에서 배웠듯이 '우리를'입니다. 따라서 Let us는 '우리가 ~하게 하라', 즉 '~하자'라고 제안하는 말이 됩니다.

주의할 점은 Let's 뒤에 반드시 동사의 원형이 와야 한다는 것입니다. '~하지 말자'는 표현인 Let's not[레츠 낫] 뒤에도 마찬가지로 동사원형이 와야 합니다.

A 영어 단어와 우리말 뜻을 바르게 연결하세요.

(1) write •   • 외식하다

(2) eat out •   • 운동하다

(3) exercise •   • 공부하다

(4) visit •   • 쓰다

(5) study •   • 방문하다

B 우리말 해석에 맞게 괄호 안의 단어를 배열하세요.

(1) 같이 공부합시다. (together / Let's / study)

→ _____

(2) 밖에 나가지 말죠. (not / Let's / out / go)

→ _____

C 다음 문장을 완성하세요.

(1) 일합시다.

_____ work.

(2) 집에 갑시다.

_____ _____ home.

(3) 산책 갑시다.

_____ _____ for a walk.

(4) 우유를 사지 말죠.

Let's _____ milk.

● 문장을 따라 쓰면서 연습해 보세요.

Let's go for a walk.

We need exercise.

Why not? Let's go.

Let's not go out.

Let's eat out.

Let's watch that movie.

lipstick 립스틱

lip[립]은 '입술', stick[스틱]은 '막대기'란 뜻으로 lipstick[립스틱]은 막대 모양으로 된 입술 연지를 말합니다. 끈적이는 액체로 된 lipgloss[립글로스]도 있는데, gloss[글로스]는 '윤, 광택'이란 뜻이에요.

eye shadow 아이 섀도우

눈두덩에 발라 색감을 주는 화장품으로 eye[아이]는 '눈', shadow[섀도우]는 '그림자'란 뜻입니다. 눈에 음영을 준다는 뜻이죠.

foundation 파운데이션

얼굴이 깨끗하고 투명하게 보이도록 피부에 바탕색을 입히는 화장품을 foundation[파운데이션]이라고 하죠. 원래는 '기초'라는 뜻이랍니다. 얼굴에 색조를 입히기 전에 하는 기본적인 화장이라는 의미입니다.

cleanser 클렌저

화장을 지울 때 쓰는 액체나 크림을 cleanser[클렌저]라고 해요. '세척하다'라는 뜻의 동사 cleanse[클렌즈]에서 나온 말이에요. 하지만 '화장을 지운다'라고 할 때는 cleanse보다 take off make-up[테이크오프 메이크업]이라는 표현을 써요. take off[테이크오프]는 우리가 앞에서 '~을 벗다'라고 배운 표현인데 화장에도 쓴답니다. make-up[메이크업]은 '화장'이에요.

이번에는 나와 상대방이 아닌 다른 사람에 대해 말하는 법을 배워 볼게요.
그리고 동물과 사물에 대해 말하는 법도 살펴볼게요.
물건이나 건물의 위치를 나타내는 표현도 같이 공부해요.

다른 사람이나
사물에 대해 말하기

⑬ That's my phone.
저게 내 전화기야.

Yujin **This is not my phone.**
디스 이즈 낫 마이 포운

Oh, that's my phone.
오 댓츠 마이 포운

Junho **These are not my shoes.**
디즈 아 낫 마이 슈즈

Those are my shoes.
도우즈 아 마이 슈즈

말하기 공식

This is + 단수 명사 **.**   이것[이 사람]은 _____이다.

That is + 단수 명사 **.**   저것[저 사람]은 _____이다.

These are + 복수 명사 **.**   이것들[이 사람들]은 _____이다.

Those are + 복수 명사 **.**   저것들[저 사람들]은 _____이다.

가까이 있는 것 말하기

멀리 있는 것 말하기

유진　이건 내 전화기가 아닌데.

　　　오, 저게 내 전화기야.

준호　이것들은 내 신발이 아닌데.

　　　저것들이 내 신발이야.

단어

this [디스] 이것; 이

phone [포운] 전화기

oh [오우] 오 (감탄사)

that [댓] 저것; 저

that's [댓츠] 저것은 ~이다
(that is의 줄임말)

these [디즈] 이것들; 이

shoes [슈즈] 신발

those [도우즈] 저것들; 저

착용하는 것

안경은 알이 두 개라 항상 복수형으로 써요. 장갑이나 귀걸이도 한 쌍일 때는 복수형으로 써요.

bag [백] 가방

tie [타이] 넥타이

briefcase [브리프케이스] 서류 가방

ring [링] 반지

glove [글러브] 장갑

glasses [글래씨즈] 안경

belt [벨트] 허리띠, 벨트

hat [햇] 모자

earring [이어링] 귀걸이

necklace [넥클리스] 목걸이

scarf [스카프] 스카프, 목도리

sunglasses [썬글래씨즈] 선글라스

멀고 가까운 것

가까이 있는 물건을 가리킬 때는 this[디스: 이것]와 these[디즈: 이것들]를 씁니다. 한편 멀리 있는 것을 가리킬 때는 that[댓: 저것]과 those[도우즈: 저것들]를 쓰죠. 사람에 대해서도 마찬가지로 사용할 수 있습니다. 가까이 있는 사람을 가리킬 때는 this(이 사람)와 these(이 사람들)를, 멀리 있는 사람을 가리킬 때는 that(저 사람)과 those(저 사람들)를 쓰면 돼요.

● 주어진 표현을 빈칸에 넣어 문장을 말해 보세요.

my book
[마이 북]

This is _____.

이것은 나의 책이에요.

my books
[마이 북스]

These are _____.

이것들은 나의 책들이에요.

my student
[마이 스투던트]

That is _____.

저 애는 제 학생이에요.

my students
[마이 스투던츠]

Those are _____.

저 애들은 제 학생들이에요.

● 자기 물건 중에서 가까이 있는 것과 멀리 있는 것을 가리켜 말해 보세요.

This/That is my _____.

These/Those are my _____.

▶ 가능한 표현들을 230쪽에서
확인해 보세요.

대화하기

이거 당신 서류 가방인가요?

질문 **Is this your briefcase?**
이즈 디스　유어　브리프케이스
이거 당신 서류 가방인가요?

대답 **Yes, it is. Thank you.**
　예스　잇 이즈　　　땡큐
네, 그래요. 고맙습니다.

Is this your ~?

This is your ~.(이것은 당신의 ~입니다.)에서 is를 맨 앞으로 가지고 오면 '이것은 당신의 ~인가요?'하고 묻는 표현이 됩니다.

영어는 같은 말을 반복하는 것을 싫어하기 때문에 대답할 때는 ~ 자리에 들어가는 말을 대명사 it[잇: 그것]으로 대신해서 Yes, it is.[예스 잇 이즈] 또는 No, it's not./No, it isn't.[노우 이츠 낫/노우 잇 이즌트]로 하면 됩니다.

● 빈칸에 알맞은 말을 넣어 대화를 완성해 보세요.　　　　▶ 정답 214쪽

Junho　**Is this your 　　　　　　　?**
이거 당신 가방이에요?

Yujin　**Yes, it is.**
네, 그래요.

Junho　**Is this your 　　　　　　　　?**
이거 당신 목도리인가요?

Yujin　**No, it's not.**
아니에요.

문법 익히기

지시대명사, 지시형용사

● 지시대명사

앞에서 배운 this[디스], that[댓], these[디즈], those[도우즈]를 **지시대명사**라고 합니다. 지시대명사는 사물과 사람 모두에 대해 쓸 수 있습니다.

This is my hat.
[디스 이즈 마이 햇]
이건 내 모자예요.

That is my umbrella.
[댓 이즈 마이 엄브렐러]
저건 제 우산이에요.

This is my grandson.
[디스 이즈 마이 그랜썬]
이 아이는 내 손자예요.

That is my wife.
[댓 이즈 마이 와이프]
저 사람은 제 아내입니다.

● 지시형용사

this, that, these, those가 명사 앞에서 명사를 꾸며 주는 역할을 할 때는 지시대명사가 아니라 **지시형용사**라고 합니다. this와 that 뒤에는 단수 명사가 오고, these와 those 뒤에는 복수 명사가 와야 하죠. 예를 들어 this hat[디스 햇]은 '이 모자'라는 뜻이고, that umbrella[댓 엄브렐러]는 '저 우산'이라는 뜻입니다.

A 영어 단어와 우리말 뜻을 바르게 연결하세요.

(1) phone •   • 벨트

(2) necklace •   • 가방

(3) bag •   • 안경

(4) glasses •   • 전화기

(5) belt •   • 목걸이

B 우리말 뜻과 일치하도록 괄호 안에서 알맞은 것을 고르세요.

(1) (This / That) is my watch. 이건 내 손목시계야.

(2) (These / Those) are my shoes. 저것들은 내 신발이야.

C 다음 문장을 완성하세요.

(1) 이 사람은 나의 아내입니다.

_____ is my wife.

(2) 저것은 내 가방입니다.

_____ my bag.

(3) 이것들은 내 장갑들입니다.

_____ are my gloves.

(4) 저 애들은 내 학생들입니다.

_____ my students.

● 문장을 따라 쓰면서 연습해 보세요.

This is not my phone.

That's my phone.

These are not my shoes.

Those are my shoes.

Is this your briefcase?

Yes, it is.

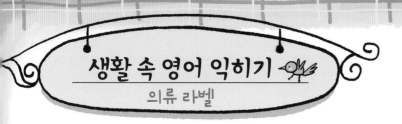

S 작은 사이즈

S는 '작은'이라는 뜻인 small[스몰]의 머리글자
로 작은 사이즈를 말합니다.

M 중간 사이즈

M은 '중간의'라는 뜻을 가진 medium[미디엄]의
머리글자입니다. 참고로 medium은 사이즈
뿐만 아니라 중간 키나 중간 온도를 나타
낼 때도 쓰는 단어예요.

L 큰 사이즈

L은 '큰'이라는 뜻인 large[라지]의 머리글자로
큰 사이즈를 말합니다.

XL 아주 큰 사이즈

X는 '더, 추가의'라는 뜻의 extra[엑스트라]를 의미합니다.
XL은 extra large[엑스트라 라지]로 '아주 큰'이란 뜻이죠.
반대로 XS는 extra small[엑스트라 스몰]로 '아주 작은'
이란 뜻이에요.

⑭ Julie has a dog.
줄리는 개를 키웁니다.

Junho **Julie has a dog.**
줄리 해즈 어 도그

She loves her dog.
쉬 러브즈 허 도그

Its name is Max.
이츠 네임 이즈 맥스

It has four houses.
잇 해즈 포 하우지즈

[말하기 공식]

He has + [명사] **.**　　　그는 _____을 가지고 있다.

She has + [명사] **.**　　　그녀는 _____을 가지고 있다.

It has + [명사] **.**　　　그것은 _____을 가지고 있다.

다른 사람이 갖고 있는 것 말하기

사물·동물에 속한 것 말하기

듣고 따라해 보세요.
14-1

준호   줄리는 개를 키웁니다.

그분은 자기 개를 사랑합니다.

그 개의 이름은 맥스입니다.

그 개는 집이 네 개 있습니다.

단어

has [해즈] 가지고 있다
(have의 3인칭 단수 변화형)

dog [도그] 개

she [쉬] 그녀는

her [허] 그녀의; 그녀를

its [이츠] 그것의

it [잇] 그것은; 그것을

four [포] 네 개의, 네 명의

houses [하우지즈] 집들
(house의 복수형)

강아지는 puppy[퍼피],
새끼 고양이는 kitten[키튼]
이라고 해요.

동물

cat [캣] 고양이
fish [피쉬] 물고기
tiger [타이거] 호랑이
rabbit [래빗] 토끼
horse [호어스] 말
hamster [햄스터] 햄스터

pig [피그] 돼지
lion [라이언] 사자
mouse [마우스] 쥐
bird [버드] 새
elephant [엘러펀트] 코끼리
monkey [멍키] 원숭이

표현 배우기 반려동물

'반려동물'은 동물을 사람과 더불어 살아가는 반려자로 인식하게 되면서 '애완동물' 대신 사용되는 말입니다. 영어로는 pet[펫] 또는 pet animal[펫 애니멀]이라고 하면 돼요.

평범한 반려동물로는 앞 페이지에서 배운 dog, cat, bird, fish, hamster 등이 있고, snake[스네이크: 뱀], spider[스파이더: 거미], iguana[이과너: 이구아나]와 같은 특이한 반려동물도 있어요.

반려동물을 키울 때 사용할 수 있는 표현은 다음과 같아요. have[해브]는 '가지다 있다' 즉 '키우다'라는 뜻이에요. adopt[어답트]는 '입양하다'라는 뜻으로, 요즘은 '사지 말고 입양하세요.'라는 캠페인을 많이 하죠. rescue[레스큐]는 '구조하다'라는 뜻인데, 열악한 환경에 있는 동물을 구조해서 보호할 때 쓰는 표현이에요. feed[피드]는 '먹이를 주다'이고, bathe[베이드]는 '목욕시키다', walk[워크]는 '산책시키다'라는 뜻이에요.

● 주어진 표현을 빈칸에 넣어 문장을 말해 보세요.

two cats
[투 캐츠]

I have _____.
저는 고양이 두 마리를 키워요.

three dogs
[쓰리 도그즈]

Jane has _____.
제인은 개 세 마리를 키워요.

● 자기가 키우거나 주변 사람이 키우는 반려동물에 대해 말해 보세요.

I have _____.

My _____ has _____.

▶ 가능한 표현들을 231쪽에서 확인해 보세요.

그분은 반려동물을 키우나요?

질문 **Does he have any pets?**
더즈 히 해브 애니 페츠
그분은 반려동물을 키우나요?

대답 **Yes, he does. He has three birds.**
예스 히 더즈   히 해즈 쓰리 버즈
네, 그래요. 그분은 새를 세 마리 키워요.

Does he/she have any pets?

Does he/she have ~?[더즈 히/쉬 해브]는 '그/그녀는 ~을 가지고 있습니까?'라는 의미의 질문입니다. he/she 대신 사람 이름을 써도 됩니다. any[애니]는 의문문에 쓰여서 '하나라도' 정도의 뜻인데 굳이 우리말로 해석하지는 않습니다.

이 질문에 대한 대답이 긍정이면 Yes, he/she does.[예스 히/쉬 더즈]라고 한 후에 어떤 동물을 키우는지 덧붙여 설명하면 좋겠죠? 부정이면 No, he/she doesn't.[노우 히/쉬 더즌트]라고 합니다.

● 빈칸에 알맞은 말을 넣어 대화를 완성해 보세요.
▶정답 215쪽

Junho **Does Aarav have any pets?**
아라브는 반려동물을 키우니?

Harim **Yes, he does.**
네, 그래요.

He has   .
고양이를 한 마리 키워요.

He loves his cat.
그 사람은 자기 고양이를 사랑해요.

a cat

3인칭 단수 대명사

● 3인칭 단수 대명사 he, she, it

he[히]와 she[쉬]는 사람 한 명을 대신하는 인칭대명사로, 남자면 '그'라는 뜻의 he를, 여자면 '그녀'라는 뜻의 she를 씁니다. it[잇]은 '그것'으로 사물이나 동물 하나를 대신합니다.

격	사람(남자)	사람(여자)	사물·동물
주격(~는)	he (그는)	she (그녀는)	it (그것은)
소유격(~의)	his (그의)	her (그녀의)	its (그것의)
목적격(~를)	him (그를)	her (그녀를)	it (그것을)

앞에서 '나(I)'는 1인칭이고 '너(you)'는 2인칭이라는 것을 배웠는데요, '나'와 '너'가 아닌 제3자를 3인칭이라고 하고, 그 사람이 한 명이면 **3인칭 단수**라고 합니다. 사물이 한 개이거나 동물이 한 마리일 때에도 3인칭 단수입니다. 어려우면 이렇게 생각해 보세요. 어떤 명사를 he, she, it 중 하나로 대신할 수 있으면 그 명사는 3인칭 단수라고요.

주어가 3인칭 단수이면 동사의 형태가 달라집니다. 동사의 끝에 -s나 -es를 붙여야 합니다. 다만 have[해브]는 특이하게 has[해즈]로 바뀌니 주의하세요.

Julie 줄리는(3인칭 단수)	+	has 가지고 있다	+	a dog. 개 한 마리를
She 그녀는(3인칭 단수)	+	loves 사랑한다	+	her dog. 그녀의 개를
It 그것은(3인칭 단수)	+	has 가지고 있다	+	four houses. 네 개의 집을

A 영어 단어와 우리말 뜻을 바르게 연결하세요.

(1) rabbit ●   ● 쥐

(2) bird ●   ● 원숭이

(3) fish ●   ● 물고기

(4) mouse ●   ● 새

(5) monkey ●   ● 토끼

B 우리말 뜻과 일치하도록 괄호 안에서 알맞은 것을 고르세요.

(1) I (have / has) a horse. 나는 말 한 마리를 가지고 있어요.

(2) He (have / has) two pigs. 그는 돼지 두 마리를 가지고 있어요.

(3) She (have / has) a hamster. 그녀는 햄스터 한 마리를 키워요.

C 다음 문장을 완성하세요.

(1) 케빈은 개 두 마리를 키웁니다.

   Kevin has _____ _____.

(2) 그는 새를 세 마리 가지고 있습니다.

   _____ _____ three birds.

(3) 그 개는 네 개의 집을 가지고 있습니다.

   The dog _____ four _____.

(4) 린다는 반려동물을 키우나요?

   _____ Linda _____ any pets?

● 문장을 따라 쓰면서 연습해 보세요.

Julie has a dog.

She loves her dog.

It has four houses.

Does he have any pets?

Yes, he does.

He has three birds.

생활 속 영어 익히기
뉴스 방송

the news 뉴스

'소식'이라는 뜻의 news 앞에 the를 붙여 the news[더 뉴즈]라고 하면 방송 '뉴스'를 의미합니다. '주요 뉴스'는 headline[헤드라인]이라고 하고, '속보'는 breaking news [브레이킹 뉴즈]라고 해요.

news report 뉴스 보도

방송의 뉴스 보도는 news report[뉴즈 리포트] 또는 news coverage[뉴즈 커버리지] 라는 표현을 씁니다. 생방송 보도는 live coverage[라이브 커버리지]라고 해요.

news program 뉴스 프로그램

뉴스 프로그램은 영어로도 그대로 news program[뉴스 프로그램] 입니다. 뉴스 프로그램 진행자를 미국에서는 anchor[앵커] 또는 host[호스트]라고 하고, 영국에서는 news presenter[뉴스 프리젠터] 라고 해요. 뉴스를 취재하는 기자는 reporter[리포터]입니다.

15 He doesn't wear shorts.
그는 반바지를 안 입어요.

Yujin **Junho always wears long pants.**
준호 얼웨이즈 웨어즈 롱 팬츠

He doesn't wear shorts.
히 더즌트 웨어 쇼츠

Junho **Yujin always wears flat shoes.**
유진 얼웨이즈 웨어즈 플랫 슈즈

She doesn't wear high heels.
쉬 더즌트 웨어 하이 힐즈

말하기 공식

He/She (always) + 동사 **.** 그는/그녀는 (항상) ___ 한다.

He/She doesn't + 동사 **.** 그는/그녀는 ___ 하지 않는다.

다른 사람의 패션에 대해 말하기

듣고 따라해 보세요.
15-1

유진 　준호 씨는 늘 긴 바지를 입어
　　　요. 반바지를 안 입어요.

준호 　유진 씨는 늘 낮은 신발을 신어
　　　요. 하이힐을 안 신어요.

단어

always [**얼**웨이즈] 늘, 항상

wear [**웨**어] 입다

long [**롱**] 긴

pants [**팬츠**] 바지

shorts [**쇼츠**] 반바지

flat [**플랫**] 납작한, 평평한

shoes [**슈즈**] 신발

high heels [하이 **힐즈**] 하이힐

바지(pants, shorts, jeans)는
두 쪽으로 되어 있어서 항상 복수형
으로 쓰고, 신발(shoes, high heels,
sneakers, boots)도 한 켤레일 때
는 복수형으로 써요.

옷과 신발

shirt [셔트] 셔츠
jeans [진즈] 청바지
jacket [재킷] 재킷, 상의
skirt [스커트] 치마
underwear [언더웨어] 속옷
sneakers [스니커즈] 운동화

blouse [블라우스] 블라우스
coat [코우트] 코트
suit [쑤트] 정장
dress [드레스] 드레스, 원피스
swimsuit [스윔쑤트] 수영복
boots [부츠] 부츠

표현 배우기 — 패션

우리말은 옷을 '입다', 모자를 '쓰다', 신발을 '신다', 귀걸이를 '하다' 등 각각 동사가 다르지만, 영어는 wear[웨어] 하나로 모두 표현합니다. wear a coat(코트를 입다), wear a hat(모자를 쓰다), wear shoes(신발을 신다), wear earrings(귀걸이를 하다)와 같이 모두 wear로 말해요.

wear 대신 put on[푿온]을 쓸 수도 있습니다. 우리말로는 둘 다 '입다'이지만 쓰임이 달라요. wear는 몸에 착용하고 있는 상태를 말하고, put on은 착용하는 동작을 말해요.

색깔을 나타내는 말에는 white[와이트: 흰], black[블랙: 검은], blue[블루: 파란], red[레드: 빨간], yellow[옐로우: 노란], brown[브라운: 갈색의], green[그린: 녹색의], pink[핑크: 분홍색의], gray[그레이: 회색의], orange[오린쥐: 주황색의], purple[퍼플: 보라색의] 등이 있습니다.

옷을 입었을 때 품이 크고 헐렁하면 loose[루스], 꽉 끼면 tight[타이트]라고 표현해요.

● 주어진 단어를 빈칸에 넣어 문장을 말해 보세요.

skirts
[스커츠]

She always wears _____.
그녀는 늘 치마를 입어요.

glasses
[글래씨즈]

He doesn't wear _____.
그는 안경을 안 써요.

● 주변 사람의 패션에 대해 말해 보세요.

My _____ always wears _____.

My _____ doesn't wear _____.

▶ 가능한 표현들을 231쪽에서 확인해 보세요.

대화하기

그분은 넥타이를 매나요?

질문 **Does he wear ties?**
더즈 히 웨어 타이즈
그분은 넥타이를 매나요?

대답 **No, he doesn't wear ties.**
노우 히 더즌트 웨어 타이즈
아뇨, 그분은 넥타이 안 매요.

Does he/she wear ~?

Does he/she wear ~?[더즈 히/쉬 웨어]는 '그/그녀는 ~을 착용합니까?'라는 의미의 질문입니다.
he/she 대신 사람 이름을 써도 됩니다.
이 질문에 대한 대답은 긍정이면 Yes, he/she does.[예스 히/쉬 더즈]라고 하고, 부정이면 No, he/she doesn't.[노우 히/쉬 더즌트]라고 합니다.

● 빈칸에 알맞은 말을 넣어 대화를 완성해 보세요.   ▶ 정답 216쪽

Yujin   **Does Julie wear earrings?**
줄리 선생님은 귀걸이를 하시니?

Sejun   **No, she doesn't wear earrings.**
아뇨, 그분은 귀걸이 안 하세요.

Yujin   **Does she wear   ?**
목걸이는 하시니?

Sejun   **Yes, she does.**
네, 하세요.

necklaces

3인칭 단수 부정문, 빈도부사

● 3인칭 단수 부정문

3인칭 단수가 주어이고 일반동사가 쓰이는 문장의 부정문은 '**주어 + doesn't + 동사.**'의 형태로 씁니다. 주어가 I(1인칭)나 you(2인칭)일 때는 don't[돈트]를 쓰지만, 3인칭 단수 주어일 때는 doesn't[더즌트]를 쓰는 것이 다르죠. doesn't는 does not[더즈 낫]의 줄임말입니다. 주의할 점은 doesn't 뒤에는 반드시 동사원형이 와야 한다는 것입니다.

● 빈도부사

어떤 일이 얼마나 자주 일어나는지 나타내는 부사를 **빈도부사**라고 합니다. 빈번한 정도에 따라 never[네버: 전혀], sometimes[썸타임즈: 가끔], often[오픈: 자주], usually[유주얼리: 주로, 보통], always[얼웨이즈: 늘, 항상] 등의 단어를 사용해요.

빈도부사는 일반동사의 앞 또는 be동사의 뒤에 위치해요. 예를 들어 '나는 보통 6시에 집에 와요.'라고 말할 때는 일반동사 get 앞에 usually를 넣어 I usually get home at 6.[아이 유주얼리 겟 홈 앳 씩스]라고 합니다. 반면에 '나는 항상 피곤해요.'라고 말할 때는 be동사 뒤에 always를 넣어 I am always tired.[아이 앰 얼웨이즈 타이어드]라고 해야 합니다.

A 영어 단어와 우리말 뜻을 바르게 연결하세요.

(1) yellow •   • 셔츠

(2) shirt •   • 바지

(3) black •   • 검은

(4) pants •   • 노란

(5) coat •   • 코트

B 우리말 해석에 맞게 괄호 안의 단어를 배열하세요.

(1) 그는 항상 흰 셔츠를 입어요. (always / He / wears / a white shirt)

→ _____

(2) 그녀는 치마를 입지 않아요. (She / wear / skirts / doesn't)

→ _____

C 다음 문장을 완성하세요.

(1) 그녀는 늘 안경을 써요.

She always _____ glasses.

(2) 그는 반바지를 입지 않아요.

He _____ wear shorts.

(3) 그는 항상 파란 넥타이를 매요.

He _____ wears a _____ tie.

(4) 그녀는 반지를 끼지 않아요.

She _____ rings.

● 문장을 따라 쓰면서 연습해 보세요.

Junho always wears long pants.

He doesn't wear shorts.

Yujin always wears flat shoes.

She doesn't wear high heels.

Does he wear ties?

No, he doesn't wear ties.

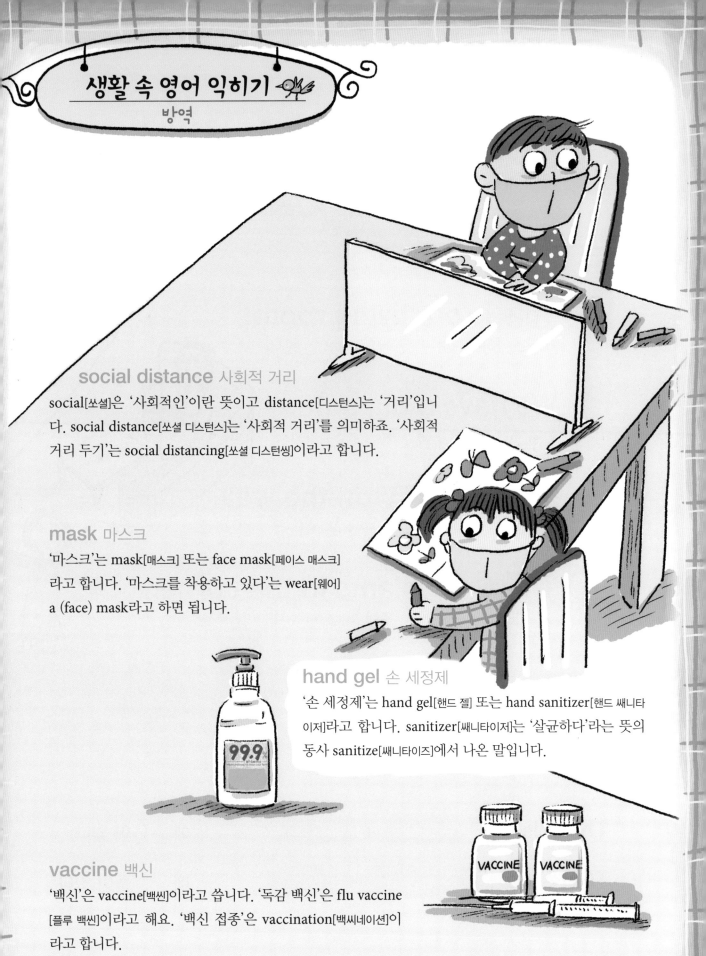

생활 속 영어 익히기
방역

social distance 사회적 거리

social[쏘셜]은 '사회적인'이란 뜻이고 distance[디스턴스]는 '거리'입니다. social distance[쏘셜 디스턴스]는 '사회적 거리'를 의미하죠. '사회적 거리 두기'는 social distancing[쏘셜 디스턴씽]이라고 합니다.

mask 마스크

'마스크'는 mask[매스크] 또는 face mask[페이스 매스크]라고 합니다. '마스크를 착용하고 있다'는 wear[웨어] a (face) mask라고 하면 됩니다.

hand gel 손 세정제

'손 세정제'는 hand gel[핸드 젤] 또는 hand sanitizer[핸드 쌔니타이저]라고 합니다. sanitizer[쌔니타이저]는 '살균하다'라는 뜻의 동사 sanitize[쌔니타이즈]에서 나온 말입니다.

vaccine 백신

'백신'은 vaccine[백씬]이라고 씁니다. '독감 백신'은 flu vaccine[플루 백씬]이라고 해요. '백신 접종'은 vaccination[백씨네이션]이라고 합니다.

16 There is a TV on the wall.
벽에 텔레비전이 있어요.

Yujin **This is our living room.**
디스 이즈 **아워** 리빙 룸

We have a big sofa.
위 **해브** 어 **빅** **쏘**우파

There is a TV on the wall.
데어 이즈 어 티**비** 온 더 **월**

There are plants in the corner.
데어 아 **플랜**츠 인 더 **코**너

말하기 공식

There is + 단수 명사 **+** 위치 . ___에 ___이 있다.

There are + 복수 명사 **+** 위치 . ___에 ___들이 있다.

유진 이곳은 저희 거실이에요.

저희는 커다란 소파를 갖고 있
어요.

벽에 텔레비전이 한 대 있어요.

구석에는 화분들이 있어요.

our [아워] 우리의

living room [리빙 룸] 거실

big [빅] 큰, 커다란

sofa [쏘우파] 소파

there [데어] 거기에, 저기에 ('~이
있다'라는 뜻으로 쓸 때 해석하지 않음)

TV [티비] 텔레비전, 티브이

wall [월] 벽

plants [플랜츠] 화분들
(plant의 복수형)

corner [코너] 구석

가구와 물건

팔걸이가 있는 안락의자를
armchair[암체어]라고 해요.

bed [베드] 침대

desk [데스크] 책상

picture [픽처] 그림, 사진

chair [체어] 의자

bookshelf [북셸프] 책장, 책꽂이

refrigerator [리프리저레이터] 냉장고

clock [클락] 시계

table [테이블] 탁자, 식탁

mirror [미러] 거울

curtain [커튼] 커튼

rug [러그] 깔개, 양탄자

air conditioner [에어 컨디셔너] 에어컨

표현 배우기 물건의 위치

위치를 나타내는 다양한 표현을 익혀 물건의 위치를 나타내 보세요.

위치 표현	뜻	예
in [인]	~ 안에	in the room(방 안에)
on [온]	~ 위에, ~에(접촉해서)	on the wall(벽에), on the floor(바닥에)
under [언더]	~ 아래에	under the table(탁자 아래에)
over [오버]	~ 위에(약간 떨어진 위)	over the sofa(소파 위쪽에)
in the corner [인 더 코너]	구석에	in the corner of the room(방의 구석에)

● 주어진 표현을 빈칸에 넣어 문장을 말해 보세요.

on the table
[온 더 **테**이블]

There is an apple _____ .
탁자 위에 사과 한 개가 있다.

in the refrigerator
[인 더 리프**리**저레이터]

There is an apple _____ .
냉장고 안에 사과 한 개가 있다.

● 주변에 있는 물건의 위치를 표현해 보세요.

There is _____ .

There are _____ .

▶ 가능한 표현들을 232쪽에서 확인해 보세요.

대화하기

내 재킷 어디 있어요?

질문 **Mom, where is my jacket?**
맘　　웨어　이즈 마이　재킷
엄마, 내 재킷 어디 있어요?

대답 **It's on your chair.**
이츠 온　유어　체어
네 의자 위에 있다.

Where is ~?

where[웨어]는 '어디에'라는 의미예요. Where is (명사)?는 '~은 어디에 있습니까?'라고 묻는 표현입니다. 뒤에 복수 명사가 오면 Where are ~?[웨어 아]라고 해야 합니다.

이에 대해 대답할 때는 명사를 반복하는 대신 대명사를 써요. 위의 대화를 보면 jacket을 it[잇: 그것]으로 대신해서 It's ~.[이츠]로 대답했죠. 줄임말 It's가 아니라 It is ~.[잇 이즈]로 말해도 됩니다. 복수 명사일 때는 They are ~.[데이 아]라고 합니다. 어디 있는지 모를 때는 I don't know.[아이 돈 노우]라고 하면 돼요.

● 빈칸에 알맞은 말을 넣어 대화를 완성해 보세요.
▶ 정답 217쪽

Harim **Where is my phone?**
내 전화기 어디 있지?

Sejun **It's _____.**
탁자 위에 있어.

Harim **Where are my glasses?**
내 안경은 어디 있지?

Sejun **_____.**
난 몰라.

on the table

There is/are 구문

● There is/are 구문

There is[데어 이즈] 또는 There are[데어 아]로 시작하는 문장은 '~이 있다'라는 뜻입니다. There is 다음에는 단수 명사가 오고, There are 다음에는 복수 명사가 옵니다. 여기서 there[데어]는 주어가 아니고, 뒤에 오는 명사가 주어입니다. 이때 there는 '거기에'라고 해석하지 않습니다.

하나가 있다고 말할 때는 There is a TV.(텔레비전이 한 대 있어요.)처럼 뒤에 be동사 is와 단수 명사(a TV)가 들어가요. 하지만 둘 이상이 있다고 말할 때는 There are plants.(화분들이 있어요.)처럼 be동사 are를 쓰고 복수 명사(plants)로 말해야 해요.

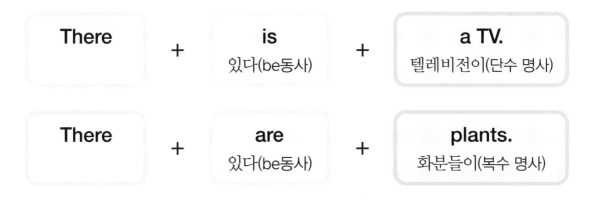

| There | + | **is**
있다(be동사) | + | **a TV.**
텔레비전이(단수 명사) |

| There | + | **are**
있다(be동사) | + | **plants.**
화분들이(복수 명사) |

There is **a clock on the wall.**
[데어 이즈 어 클락 온 더 **월**]
벽에 시계가 하나 있어요.

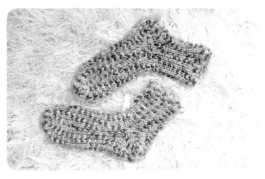

There are **socks on the rug.**
[데어 아 **싹**스 온 더 **러그**]
양탄자 위에 양말들이 있어요.

A 영어 단어와 우리말 뜻을 바르게 연결하세요.

(1) table •　　　　　　　　• 책상

(2) chair •　　　　　　　　• 의자

(3) desk •　　　　　　　　• 거울

(4) bookshelf •　　　　　　　　• 탁자, 식탁

(5) mirror •　　　　　　　　• 책장, 책꽂이

B 우리말 뜻과 일치하도록 괄호 안에서 알맞은 것을 고르세요.

(1) There (is / are) a TV on the wall. 벽에 텔레비전이 한 대 있어요.

(2) There (is / are) plants in the corner. 구석에 화분들이 있어요.

C 다음 문장을 완성하세요.

(1) 냉장고 안에 사과 하나가 있어요.

There _____ an apple _____ the refrigerator.

(2) 침대 위에 재킷이 하나 있어요.

There is a jacket _____ the _____ .

(3) 책들이 책장 위에 있어요.

_____ _____ books on the bookshelf.

(4) 우리는 큰 소파를 갖고 있어요.

We _____ a big _____ .

● 문장을 따라 쓰면서 연습해 보세요.

This is our living room.

We have a big sofa.

There is a TV on the wall.

There are plants in the corner.

Where is my jacket?

It's on your chair.

P 주차장

주차장에 써 있는 P는 '주차'라는 뜻의 parking[파킹]의 약자입니다. 주차장 입구에는 IN[인]으로 표시되어 있고 출구는 OUT[아웃]이나 EXIT[엑씻]으로 표시되어 있어요. in은 '안으로', out은 '밖으로'라는 뜻이죠.

F 층

F는 floor[플로어]의 약자로 '층'이란 뜻이에요. 1층을 1F, 2층을 2F라고 써요. 1층을 미국에서는 first floor[퍼스트 플로어], 영국에서는 ground floor[그라운드 플로어]라고 해요.

L 로비

엘리베이터에 숫자 1 대신 L이라고 쓰여 있는 것을 보신 적이 있으실 텐데요, L은 lobby[라비] 즉 '로비'를 나타냅니다. 로비는 호텔이나 아파트 입구 안쪽의 넓은 공간을 말합니다.

i 안내 데스크

관광지나 역의 안내 데스크에 i라고 쓰여 있는 경우가 있는데요, '정보'라는 의미의 information[인포메이션]의 첫 글자예요. 정보를 안내해 주는 곳이라는 뜻이죠.

B 지하

B는 basement[베이스먼트]의 줄임말로 '지하'라는 의미예요. 지하 1층은 B1, 지하 2층은 B2로 표기합니다.

17 Our clinic is next to it.
저희 병원은 그 옆에 있습니다.

Junho **Hello. Lee's Vet Clinic.**
헬로우 　리즈 　벳 　클리닉

Ah. Drive down the road.
아 　드라이브 　다운 　더 　로드

There is a bank on the corner.
데어 　이즈 어 　뱅크 　온 더 　코너

Our clinic is next to it.
아워 　클리닉 이즈 　넥스투 　잇

말하기 공식

| 건물 | + is + | 위치 | . | ＿＿＿은 ＿＿＿에 있다. |

There is + | 건물 | + | 위치 | . ＿＿＿에 ＿＿＿이 있다.

듣고 따라해 보세요.
17-1

준호　여보세요. 리 동물 병원입니다.

아. 길을 따라 운전하세요.

모퉁이에 은행이 있어요.

저희 병원은 그 옆에 있습니다.

단어

hello [헬로우] 안녕하세요, 여보세요 (전화 받을 때 인사)

clinic [클리닉] 병원

ah [아] 아 (감탄사)

drive [드라이브] 운전하다

down [다운] (길 등을) 따라

road [로드] 길, 도로

bank [뱅크] 은행

corner [코너] 모퉁이

next to [넥스투] ~ 옆에

건물과 장소

bakery [베이커리] 빵집, 제과점
cafe [카페이] 카페, 커피 전문점
restaurant [레스터런트] 식당
library [라이브러리] 도서관
hotel [호텔] 호텔
supermarket [쑤퍼마킷] 슈퍼마켓

park [파크] 공원
gas station [개스 스테이션] 주유소
parking lot [파킹 랏] 주차장
post office [포스트 오피스] 우체국
hospital [하스피털] 병원
community center [커뮤니티 쎈터] 주민 센터

건물의 위치

건물의 위치를 표현할 때에는 두 가지 방법이 있어요. 가령 '모퉁이에 은행이 있어요.'라고 할 때 16과에서 배운 There is 구문을 써서 There is a bank on the corner.[데어 이즈 어 뱅크 온 더 코너] 라고 나타낼 수도 있고, 건물을 주어로 써서 The bank is on the corner.[더 뱅크 이즈 온 더 코너] 라고 할 수도 있습니다.

위치를 나타내는 다양한 표현을 익혀 건물의 위치를 말해 보세요. '~ 옆에'는 next to[넥스투], '~ 앞에'는 in front of[인 프론트 오브], '~ 뒤에'는 behind[비하인드], '~ 건너편에, 맞은편에'는 across from[어크로스 프롬], '모퉁이에'는 on the corner[온 더 코너] 같은 표현을 씁니다. between[비트윈]은 '~ 사이에'라는 뜻인데, 'A와 B 사이에 있다'고 말할 때 between A and B로 표현합니다. 예를 들어 '은행은 학교와 병원 사이에 있다.'는 The bank is between the school and the hospital.이라고 합니다.

● 주어진 표현을 빈칸에 넣어 문장을 말해 보세요.

on the corner
[온 더 **코너**]

There is a cafe _____ .

모퉁이에 카페가 있어요.

in front of the supermarket
[인 프론트 오브 더 **쑤퍼마킷**]

The parking lot is _____ .

주차장은 슈퍼마켓 앞에 있어요.

● 주변에 있는 건물의 위치를 표현하는 문장을 말해 보세요.

There is _____ .

The _____ **is** _____ .

▶ 가능한 표현들을 232쪽에서 확인해 보세요.

그 카페가 어디에 있나요?

질문 **Where is the cafe?**
웨어 이즈 더 카페이
그 카페가 어디에 있나요?

대답 **It's next to the bakery.**
이츠 넥스투 더 베이커리
빵집 옆에 있어요.

Where is ~?

건물의 위치를 물을 때는 Where is (건물)?로 질문하면 됩니다.
대답할 때는 명사(건물)를 반복하지 않고 대신 대명사 it[잇: 그것]을 씁니다. It is[잇 이즈] 또는 줄임말인 It's[이츠] 뒤에 위치를 나타내는 표현을 써서 답하면 됩니다.

● 빈칸에 알맞은 말을 넣어 대화를 완성해 보세요.　　　　　　▶ 정답 218쪽

Kevin　**Where is the post office?**
　　　　우체국이 어디에 있나요?

Harim　**It's next to the ＿＿＿＿＿＿＿.**
　　　　도서관 옆에 있어요.

Kevin　**Where is the library?**
　　　　도서관은 어디에 있는데요?

Harim　**It's across from the ＿＿＿＿＿＿.**
　　　　빵집 맞은편에 있어요.

17 저희 병원은 그 옆에 있습니다.　169

두 단어 이상의 전치사

● 두 단어 이상의 전치사

전치사는 명사 앞에서 시간, 장소, 방향 등의 뜻을 나타낸다고 배웠어요. in[인], on[온], at[앳], behind[비하인드], from[프롬], to[투]처럼 한 단어로 된 전치사도 있지만, 두 단어 이상으로 이루어진 전치사도 있어요. 예를 들면 next to[넥스투: ~ 옆에], in front of[인 프론트 오브: ~ 앞에], across from[어크로스 프롬: ~ 건너편에]과 같은 표현들입니다.

위치 표현	뜻	예
next to	~ 옆에	next to the hospital(병원 옆에)
in front of	~ 앞에	in front of the library(도서관 앞에)
across from	~ 건너편에, 맞은편에	across from the school(학교 건너편에)

두 단어 이상으로 이루어진 전치사도 장소 명사 앞에서 그 위치가 어디인지를 나타냅니다. 위의 표현들을 마치 한 단어처럼 생각해서 덩어리로 외워 실생활에서 사용할 수 있도록 하세요.

The cafe 그 카페는	+	**is** 있다	+	**in front of** ~ 앞에(전치사)	+	**the bank.** 은행
The bakery 그 빵집은	+	**is** 있다	+	**across from** ~ 건너편에(전치사)	+	**the school.** 학교

A 영어 단어와 우리말 뜻을 바르게 연결하세요.

(1) post office •   • 우체국

(2) library •   • 빵집, 제과점

(3) restaurant •   • 슈퍼마켓

(4) supermarket •   • 식당

(5) bakery •   • 도서관

B 우리말 해석에 맞게 괄호 안의 단어를 배열하세요.

(1) 그 은행은 학교 앞에 있어요 (is / the school / The bank / in front of)

　→ _____

(2) 제 집은 공원 옆에 있어요. (next to / My house / is / the park)

　→ _____

C 다음 문장을 완성하세요.

(1) 저희 병원은 은행 옆에 있어요.

Our clinic is _____ _____ the bank.

(2) 그 식당은 도서관 건너편에 있어요.

The restaurant is _____ _____ the library.

(3) 모퉁이에 카페가 있어요.

There _____ a cafe on the _____ .

(4) 학교 앞에 공원이 있어요.

There is a park _____

_____ the school.

● 문장을 따라 쓰면서 연습해 보세요.

Drive down the road.

There is a bank on the corner.

Our clinic is next to it.

The cafe is in front of the bank.

Where is the post office?

It's across from the bakery.

social media 소셜 미디어

media[미디어]는 문자, 이미지, 소리, 영상 등의 정보를 전송하는 '매체'를 뜻해요. TV나 라디오 같은 전통적 매체는 일방적으로 소식을 전달하지만, 최근에는 사람들이 쌍방향으로 소통하는 온라인 공간이 많아졌죠? 이를 social media[쏘셜 미디어]라고 해요. 우리나라에서는 SNS라고도 하는데, social media가 더 많이 쓰이는 표현이랍니다. 소셜 미디어에서 쓰이는 표현들을 알아볼까요?

우선 소셜 미디어에 글, 사진, 동영상을 '올리다'라는 표현으로 post[포스트]라는 동사를 씁니다. 또 다른 말로 share[셰어]라는 표현도 많이 써요. share는 '공유하다'라는 뜻입니다. 글, 사진, 동영상을 인터넷에 올리면 다른 사람들과 공유하게 되죠.

대표적인 소셜 미디어인 YouTube[유튜브]에서 쓰는 표현을 살펴볼게요. '유튜브에 동영상을 올리다'는 post/share a video on YouTube[포스트/셰어 어 비디오 온 유튜브]라고 합니다. 또 '실시간으로 영상을 전송하는 것'을 streaming[스트리밍]이라고 합니다. '유튜브에 영상을 올리는 사람'을 가리켜 Creator[크리에이터] 또는 Content Creator[컨텐트 크리에이터]라고 해요.

지금 이 순간에 일어나고 있는 일은 어떻게 말할까요?
어제 했던 일을 말할 때는 어떻게 하면 될까요?
현재 진행되고 있는 일과 과거의 일을 말하는 표현을 배워 봅시다.

현재와 과거의 일 말하기

18 We are making dinner.
우리는 저녁을 준비하고 있어요.

Junho **We are making dinner.**
위 아 메이킹 디너

I am cooking pasta.
아이 앰 쿠킹 파스타

Yujin is making salad.
유진 이즈 메이킹 쌜러드

Harim and Sejun are setting the table.
하림 앤 세준 아 쎄팅 더 테이블

말하기 공식

I am + 동사-ing **.**   나는 _____ 하고 있다.

주어 **+ are +** 동사-ing **.**   _____ 은 _____ 하고 있다.

주어 **+ is +** 동사-ing **.**   _____ 은 _____ 하고 있다.

듣고 따라해 보세요.
18-1

준호 우리는 저녁을 준비하고 있어요.

전 파스타를 요리하고 있어요.

유진 씨는 샐러드를 만들고 있어요.

하림이와 세준이는 식탁을 차리고 있어요.

단어

make [메이크] 만들다

dinner [디너] 저녁 식사

cook [쿡] 요리하다

pasta [파스타] 파스타

salad [쌜러드] 샐러드

set [쎗] 놓다, 두다, 차리다

set the table [쎗 더 테이블]
식탁을 차리다, 식기를 놓다

요리

bake [베이크] (빵을) 굽다

fry [프라이] 튀기다

grill [그릴] (불에) 굽다

roast [로우스트] (오븐에) 굽다

steam [스팀] 찌다

boil [보일] 끓이다

cut [컷] 자르다, 썰다

stir [스터] 젓다

recipe [레써피] 요리법, 레시피

stove [스토우브] (요리용) 레인지

oven [오븐] 오븐

microwave [마이크로웨이브] 전자레인지

표현 배우기 지금 하고 있는 일

지금까지 우리는 현재 시제 표현들을 배웠습니다. 현재 시제는 '늘 그렇다'는 뜻으로, 일상적인 습관, 변하지 않는 사실(직업, 나이, 취향 등)을 표현해요. 반면에 '지금 이 순간 진행 중인 일'을 말할 때는 현재 진행형을 씁니다. '~하고 있다' 또는 '~하는 중이다'의 의미를 나타내요.

'나는 오전에 요가를 한다.'라고 일상적인 습관을 표현할 때는 현재 시제로 I do yoga in the morning.[아이 두 요가 인 더 모닝]이라고 합니다. 그런데 '나는 지금 요가를 하고 있다.'라고 현재 진행 중인 동작을 표현할 때는 현재 진행형으로 I am doing yoga now.[아이 앰 두잉 요가 나우]라고 해요. now는 '지금'이라는 뜻의 단어예요.

현재 진행형을 쓰는 방법은, 주어에 따라 알맞은 be동사(am, are, is)를 쓰고, 그 뒤에 동사-ing 형태를 쓰는 것입니다. 더 자세한 내용은 180쪽에 설명되어 있어요. 여기서는 주어를 나(I)로 해서 I am + 동사-ing.로 '내가 하고 있는 일'을 나타내는 표현을 익혀 보겠습니다.

● 주어진 표현을 빈칸에 넣어 문장을 말해 보세요.

shopping
[샤핑]

I'm _____.
나는 쇼핑하고 있어요.

reading
[리딩]

I'm _____.
나는 책을 읽고 있어요.

driving
[드라이빙]

I'm _____.
나는 운전하고 있어요.

● 자기가 지금 하고 있는 것을 말해 보세요.

I'm _____.

▶ 가능한 표현들을 233쪽에서 확인해 보세요.

지금 뭐 하고 계세요?

질문 **What are you doing now?**
왓 아 유 두잉 나우
지금 뭐 하고 계세요?

대답 **I'm having lunch.**
아임 해빙 런치
점심 먹고 있어요.

What are you doing now?

상대방이 현재 하고 있는 일을 물어볼 때는 '무엇'을 뜻하는 의문사 what[왓]과 '하다'라는 뜻의 동사 do[두]를 doing[두잉]으로 써서 What are you doing?[왓 아 유 두잉]이라고 말합니다. '지금'이라는 뜻의 now[나우]를 붙이면 뜻이 더 명확해지겠죠.

이 질문에 대한 대답은 앞에서 배운 것처럼 I am + 동사-ing.로 하면 됩니다. 보통 대화에서는 I am[아이 앰]을 I'm[아임]으로 줄여서 말해요.

● 빈칸에 알맞은 말을 넣어 대화를 완성해 보세요. ▶ 정답 219쪽

Yujin **What are you doing now?**
지금 뭐 하고 있어요?

Junho **I'm   .**
운전하고 있어요.

What are you doing?
당신은 뭐 하고 있어요?

Yujin **I'm   .**
요가 하고 있어요.

driving

doing yoga

현재 진행형

● **현재 진행형**

현재 진행형을 나타내는 방법은, 주어에 따라 알맞은 be동사(am, are, is)를 쓰고, 그 다음에 **동사-ing** 형태를 쓰면 돼요. 동사-ing는 동사원형에 -ing를 붙인 형태예요. make[메이크]처럼 e로 끝나는 동사는 e를 빼고 -ing를 붙여 making[메이킹]으로 쓰고, jog[자그]처럼 '모음 한 개 + 자음 한 개'로 끝나는 동사는 뒤에 자음을 한 번 더 쓰고 -ing를 붙여 jogging[자깅]으로 만들어요.

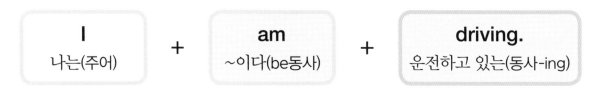

| **I**
나는(주어) | **+** | **am**
~이다(be동사) | **+** | **driving.**
운전하고 있는(동사-ing) |

주어의 인칭에 따라 be동사의 형태는 아래처럼 변하니 같이 외워 두세요.

주어	be동사
I [아이: 나는]	am [앰]
You [유: 너는, 너희들은], We [위: 우리는], They [데이: 그들은]	are [아]
He [히: 그는], She [쉬: 그녀는], It [잇: 그것은]	is [이즈]

I am **sing**ing.
[**아이** 앰 **씽**잉]
나는 노래하고 있어요.

He is **sleep**ing.
[**히** 이즈 슬리핑]
그는 자고 있어요.

They are **jog**ging.
[데이 아 **자깅**]
그들은 조깅하고 있어요.

▶ 정답과 자세한 해설은
219쪽에 있습니다.

A 영어 단어와 우리말 뜻을 바르게 연결하세요.

(1) fry •   • 요리법, 레시피

(2) boil •   • 튀기다

(3) bake •   • 자르다, 썰다

(4) cut •   • (빵을) 굽다

(5) recipe •   • 끓이다

B [보기]처럼 동사-ing 형을 만드세요.

보기	eat → eating	make → making	jog → jogging

(1) read (읽다) → _____   (2) watch (보다) → _____

(3) drive (운전하다) → _____   (4) shop (쇼핑하다) → _____

C 다음 문장을 완성하세요.

(1) 그는 지금 자고 있어요.

He is _____ now.

(2) 그녀는 노래하고 있어요.

She _____ .

(3) 나는 지금 춤추고 있어요.

I _____ now.

(4) 그들은 식탁을 차리고 있어요.

They _____ the table.

● 문장을 따라 쓰면서 연습해 보세요.

We are making dinner.

I am cooking pasta.

Yujin is making salad.

Harim and Sejun are setting the table.

What are you doing now?

I'm having lunch.

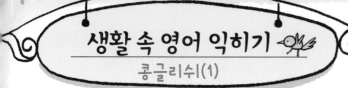

생활 속 영어 익히기
콩글리쉬(1)

그건 콩글리쉬

핸드폰

우리나라에서는 휴대전화를 '손 전화'라는 뜻으로 핸드폰이라고 하는데, 사실 영어에는 없는 표현이에요. 올바른 표현은 cell phone[쎌 폰] 또는 mobile phone[모바일 폰]입니다.

리모컨

리모컨의 올바른 영어 표현은 remote control[리모트 컨트롤]이에요. remote[리모트]는 '먼, 원격의'란 뜻이고 control[컨트롤]은 '조종'이란 뜻이므로 '원격 조정기'란 의미가 되죠. 이를 줄여서 '리모컨'이라고 하는 건 콩글리쉬예요. 줄여 말하고 싶으면 그냥 remote라고 해요.

원 플러스 원

'물건 하나를 사면 하나를 더 주는 판매 방식'을 원 플러스 원(one plus one)이라고 하는데요, 뜻은 통하지만 올바른 표현은 아닙니다. 올바른 표현은 Buy one, and get one free.[바이 원 앤 겟 원 프리]입니다. '하나를 사고 하나를 공짜로(free) 더 얻으세요.'라는 뜻이죠.

탤런트

우리나라에서는 텔레비전 드라마에 나오는 배우를 talent[탤런트]라고 하는데 이 단어는 원래 '재능'이라는 뜻이지 '배우'라는 뜻이 아닙니다. 영어권에서는 영화 배우와 텔레비전 배우를 구분하지 않고 남자 배우는 actor[액터], 여자 배우는 actress[액트리스]라고 하면 돼요.

아르바이트

아르바이트는 '일'이라는 뜻의 독일어 arbeit[아르바이트]에서 온 표현입니다. 이 말이 일본을 거쳐서 우리나라에 들어와 쓰이게 되었다고 해요. 올바른 영어 표현은 part-time job[파트 타임 잡]이에요. part[파트]는 '일부', time[타임]은 '시간', job[잡]은 '일'이란 뜻입니다. 일부 시간 동안만 하는 일이라는 뜻이죠.

19 I was sick yesterday.
저는 어제 아팠어요.

Sejun **I was sick yesterday.**
아이 워즈 씩 예스터데이

I was in bed all day.
아이 워즈 인 베드 올 데이

Julie **I was busy yesterday.**
아이 워즈 비지 예스터데이

I was at work all day.
아이 워즈 앳 워크 올 데이

말하기 공식

I was + 형용사 . 나는 _____였다.

I was + 장소 . 나는 _____에 있었다.

세준 저는 어제 아팠어요.

하루 종일 침대에 있었어요.

줄리 나는 어제 바빴어.

하루 종일 직장에 있었어.

was [워즈] ~였다, 있었다   단어

sick [씩] 아픈

yesterday [예스터데이] 어제

bed [베드] 침대

all day [올 데이] 하루 종일

busy [비지] 바쁜

work [워크] 직장

상태와 장소를 나타내는 말

ill [일] 아픈
free [프리] 한가한
off [오프] 쉬는, 휴가인
drunk [드렁크] 술에 취한
sleepy [슬리피] 졸린
awake [어웨이크] 깨어 있는

online [온라인] 인터넷에 접속한
offline [오플라인] 인터넷에 접속하지 않은
at home [앳 홈] 집에
at school [앳 스쿨] 학교에
at work [앳 워크] 직장에
outside [아웃싸이드] 밖에, 실외에

표현 배우기

과거 시간 표현

19-2

과거 시제는 '~였다, ~했다' 등 지나간 일을 표현할 때 씁니다. 과거를 나타내는 시간 표현과 함께 쓰면 더 구체적으로 표현할 수 있어요. 자주 쓰이는 과거 시간 표현으로 last[래스트]가 있어요. '지난'이라는 뜻이에요. ago[어고우]도 많이 쓰는데, '~ 전에'라는 의미예요.

표현	뜻	표현	뜻
yesterday [예스터데이]	어제	last month [래스트 먼쓰]	지난달에
this morning [디스 모닝]	오늘 아침에	last year [래스트 이어]	작년에
last night [래스트 나잇]	어젯밤에	last Sunday [래스트 썬데이]	지난 일요일에
last week/weekend [래스트 위크/위켄드]	지난주에/ 지난 주말에	two weeks ago [투 윅스 어고우]	2주 전에

● 주어진 표현을 빈칸에 넣어 문장을 말해 보세요.

this morning
[디스 모닝]

I was busy _____.
저는 오늘 아침에 바빴어요.

last night
[래스트 나잇]

I was sleepy _____.
저는 어젯밤에 졸렸어요.

● 과거 시간 표현을 써서 자기의 과거 상태에 대해 말해 보세요.

I was _____.

▶ 가능한 표현들을 233쪽에서 확인해 보세요.

대화하기

어제 집에 계셨어요?

질문 **Were you at home yesterday?**
워 유 앳 홈 예스터데이
어제 집에 계셨어요?

대답 **Yes, I was.**
예스 아이 워즈
네, 그랬어요.

Were you ~ yesterday?

과거의 상태나 있던 장소를 물어볼 때는 You were ~.(당신은 ~였습니다./당신은 ~에 있었습니다.)
에서 주어와 동사의 순서를 바꿔서 Were you ~?(당신은 ~였습니까?/당신은 ~에 있었습니까?)라고
합니다.
이 질문에 대한 대답은 긍정이면 Yes, I was.[예스 아이 워즈]라고 하고, 부정이면 No, I wasn't.[노
우 아이 워즌트]라고 합니다.

● 빈칸에 알맞은 말을 넣어 대화를 완성해 보세요.   ▶ 정답 220쪽

Harim   **Were you** _____ **yesterday?**
어제 일하고(직장에) 있었어?

Aarav   **Yes, I was.**
응, 그랬어.

Harim   **Were you** _____ **?**
바빴어?

Aarav   **Yes, I was very busy.**
응, 아주 바빴어.

at work / busy

문법 익히기

be동사의 과거형

● be동사의 과거형 was, were

우리가 앞에서 배운 be동사의 세 가지 형태 am[앰], are[아], is[이즈]는 be동사의 현재형입니다. 과거를 나타낼 때는 be동사의 형태가 달라져요. 현재형은 세 가지이지만, 과거형은 두 가지만 씁니다. am[앰]과 is[이즈]는 was[워즈]로, are[아]는 were[워]로 바뀝니다.

주어	be동사 현재형 (~이다/있다)	be동사 과거형 (~였다/있었다)
I(나는)	am [앰]	was [워즈]
You(너는, 너희는), We(우리는), They(그들은)	are [아]	were [워]
He(그는), She(그녀는), It(그것은)	is [이즈]	was [워즈]

I was sick.

[아이 워즈 **씩**]

나는 아팠어요.

You were drunk.

[유 워 드렁크]

당신은 취했었어요.

She was off.

[쉬 워즈 오프]

그녀는 쉬는 날이었어요.

We were at home.

[위 워 앳 홈]

우리는 집에 있었어요.

A 영어 단어와 우리말 뜻을 바르게 연결하세요.

(1) yesterday •　　　　　　　　　　　• 어젯밤에

(2) this morning •　　　　　　　　　　• 어제

(3) last year •　　　　　　　　　　　• 2주 전에

(4) last night •　　　　　　　　　　　• 작년에

(5) two weeks ago •　　　　　　　　　• 오늘 아침에

B 우리말 해석에 맞게 괄호 안의 단어를 배열하세요.

(1) 저는 어제 집에 있었어요. (was / I / yesterday / at home)

　→ _____

(2) 저는 지난주에 바빴어요. (last week / busy / I / was)

　→ _____

C 다음 문장을 완성하세요.

(1) 저는 지난 주말에 직장에 있었어요.

　I was _____ _____ last weekend.

(2) 그는 어젯밤에 집에 있었어요.

　He _____ at home _____ night.

(3) 당신은 어제 아팠나요?

　_____ you _____ yesterday?

(4) 나는 지난주에 아주 바빴어요.

　I _____ very _____ last week.

● 문장을 따라 쓰면서 연습해 보세요.

I was sick yesterday.

I was in bed all day.

I was busy yesterday.

I was at work all day.

Were you at home yesterday?

Yes, I was.

생활 속 영어 익히기
콩글리쉬(2)

썬크림

자외선을 차단하기 위해 바르는 크림을 우리는 썬크림(sun cream)이라고 하는데, 올바른 영어 표현은 sunblock[썬블럭] 또는 sunscreen[썬스크린]이에요. block[블럭]과 screen[스크린] 모두 '차단하다, 가리다'의 뜻으로 자외선을 차단한다는 의미죠.

애프터 서비스

물건을 산 후(after)에 받는 서비스(service)를 애프터 서비스(after service), 줄여서 A/S라고 많이 하지요. 하지만 올바른 표현은 after-sales service[애프터 쎄일즈 써비스]로, '판매'라는 뜻의 sales[쎄일즈]가 중간에 들어가야 해요. 다른 말로 warranty service[워런티 써비스] 또는 warranty[워런티]라고도 합니다. warranty는 제품의 '품질 보증'이라는 의미입니다.

아이 쇼핑

물건을 사지 않고 눈으로만 보는 것을 아이 쇼핑(eye shopping)이라고 하는데요, 올바른 표현은 window shopping[윈도우 샤핑]이에요. 상점의 창문(window)을 통해 진열된 물건만 보고 지나친다는 뜻이에요.

헬스 클럽

운동하는 곳을 헬스 클럽(health club)이라고 하는 것은 콩글리쉬예요. 올바른 표현은 gym[짐] 또는 fitness center[피트니스 쎈터]랍니다. fitness[피트니스]는 '건강, 신체 단련'이라는 의미예요.

20 # I went hiking last week.
저는 지난주에 등산을 갔어요.

Yujin **I went hiking last week.**
아이 웬트 하이킹 래스트 위크

I hiked Mt. Seorak.
아이 하익트 마운트 써락

Kevin **I went fishing last week.**
아이 웬트 피싱 래스트 위크

I caught a big fish.
아이 코트 어 빅 피쉬

말하기 공식

I + 과거 동사 . 나는 _____했다.

I + 과거 동사 + 시간 표현 . 나는 _____에 _____했다.

과거에 한 일 말하기

유진   저는 지난주에 등산을 갔어요.

        설악산을 등산했어요.

케빈   저는 지난주에 낚시를 갔어요.

        큰 물고기를 잡았어요.

단어

went [웬트] 갔다
(go의 과거형)

hiking [하이킹] 등산

last [래스트] 지난

week [위크] 주

hike [하이크] 등산하다

Mt. [마운트] 산

fishing [피싱] 낚시

caught [코트] 잡았다
(catch의 과거형)

fish [피쉬] 물고기

자연

mountain [마운튼] 산
beach [비치] 바닷가, 해변
the country [더 컨트리] 시골
river [리버] 강
valley [밸리] 계곡
forest [포리스트] 숲

sea [씨] 바다
island [아일런드] 섬
lake [레이크] 호수
hill [힐] 언덕
desert [데저트] 사막
wood/woods [우드/우즈] 숲

과거에 한 일

과거에 한 일을 말하는 표현을 배워 봅시다. 우선 집에서 한 일을 살펴볼까요? '집에 있었다'는 stayed (at) home[스테이드 (앳) 홈]이라고 해요. '집 청소를 했다'는 cleaned the house[클린드 더 하우스], '빨래를 했다'는 did the laundry[디드 더 론드리]예요. '티브이를 봤다'는 watched TV[워치트 티비]라고 하고, '책을 읽었다'는 read a book[레드 어 북]이라고 해요. 악기를 연주했다고 할 때는 played[플레이드] 뒤에 'the＋악기'로 나타내요. '기타를 쳤다'는 played the guitar[플레이드 더 기타]가 되겠죠.

밖에서 한 활동을 나타내는 표현으로 '영화를 봤다'는 saw a movie[쏘 어 무비] 또는 watched a movie[워치트 어 무비]라고 해요. 앞에서 '등산을 갔다'가 went hiking[웬트 하이킹]이라고 배웠는데, 이렇게 went 뒤에 동사-ing를 붙이면 '~하러 갔다'라는 뜻이 됩니다. '낚시하러 갔다'는 went fishing[웬트 피싱], '수영하러 갔다'는 went swimming[웬트 스위밍], '캠핑하러 갔다'는 went camping[웬트 캠핑]이라고 해요.

● 주어진 표현을 빈칸에 넣어 문장을 말해 보세요.

did the laundry
[디드 더 론드리]

I _____ yesterday.
저는 어제 빨래를 했어요.

went fishing
[웬트 피싱]

I _____ yesterday.
저는 어제 낚시하러 갔어요.

● 자기가 어제 한 일을 말해 보세요.

I _____ yesterday.

▶ 가능한 표현들을 234쪽에서 확인해 보세요.

대화하기

지난 주말에 뭐 하셨어요?

질문 **What did you do last weekend?**
왓　　딛유　　두 래스트　　위켄드
지난 주말에 뭐 하셨어요?

대답 **I played the piano.**
아이 플레이드　더　피애노우
피아노를 쳤어요.

What did you do last weekend?

last weekend[래스트 위켄드]는 '지난 주말에'라는 과거 시간 표현이죠. did[디드]는 do[두]의 과거형으로 과거의 일에 대해 물어볼 때 주어 앞에 옵니다.
이 질문에 대한 대답은 동사의 과거형을 사용해서 말합니다.

● 빈칸에 알맞은 말을 넣어 대화를 완성해 보세요.　　　　　　▶ 정답 221쪽

Junho **What did you do last weekend?**
지난 주말에 뭐 하셨어요?

Linda **I　　　　　　　　　.**
영화를 한 편 봤어요.

What did you do last weekend?
지난 주말에 뭐 하셨어요?

Junho **I　　　　　　　　　.**
저는 캠핑을 갔어요.

went camping

saw a movie

문법 익히기 | 일반동사의 과거형

● 규칙 동사

과거에 일어난 일을 말할 때는 동사를 과거형으로 써야 합니다. 기본적인 규칙은 동사원형에 -ed 를 붙이는 것입니다. 예를 들어 '걷다'라는 뜻의 동사 walk[워크] 뒤에 -ed를 붙여서 walked[웍트] 로 쓰면 '걸었다'라는 과거형이 됩니다. 그밖에 다음과 같은 규칙에 유의하세요.

1 동사가 e로 끝나면 -d만 붙여 주면 됩니다. (like → liked, love → loved)
2 동사가 '모음(a, e, i, o, u) 하나 + 자음 하나'로 끝나면 자음을 두 번 적습니다.
  (stop → stopped, drop → dropped)
3 동사가 '모음 + y'로 끝나면 -ed를 붙이고, '자음 + y'로 끝나면 y 대신 i를 쓰고 -ed를 붙입니다.
  (play → played, cry → cried)

● 불규칙 동사

동사의 과거형을 만들 때, 위의 규칙들에 해당하지 않는 불규칙 동사들이 있어요. 일상생활에서 흔히 쓰이는 동사들이니 꼭 외우도록 하세요.

원형	과거형	원형	과거형
begin [비긴] 시작하다	began [비갠] 시작했다	meet [미트] 만나다	met [멧] 만났다
break [브레이크] 깨다	broke [브로우크] 깼다	sit [씻] 앉다	sat [쌧] 앉았다
come [컴] 오다	came [케임] 왔다	ride [라이드] 타다	rode [로우드] 탔다
drink [드링크] 마시다	drank [드랭크] 마셨다	buy [바이] 사다	bought [보트] 샀다
get [겟] 받다	got [갓] 받았다	sell [셀] 팔다	sold [쏘울드] 팔았다
catch [캐치] 잡다	caught [코트] 잡았다	know [노우] 알다	knew [뉴] 알았다
run [런] 달리다	ran [랜] 달렸다	read [리드] 읽다	read [레드] 읽었다
think [씽크] 생각하다	thought [쏘트] 생각했다	sing [씽] 노래하다	sang [쌩] 노래했다
sleep [슬립] 자다	slept [슬렙트] 잤다	stand [스탠드] 서다	stood [스투드] 섰다
write [라이트] 쓰다	wrote [로우트] 썼다	take [테이크] 잡다	took [툭] 잡았다

A 영어 단어와 우리말 뜻을 바르게 연결하세요.

(1) did the laundry ·   · 낚시하러 갔다

(2) watched TV ·   · 텔레비전을 보았다

(3) played the guitar ·   · 수영하러 갔다

(4) went fishing ·   · 기타를 연주했다

(5) went swimming ·   · 빨래를 했다

B 다음 중 우리말 해석에 맞는 단어를 고르세요.

(1) I (play / played) the piano yesterday. 저는 어제 피아노를 쳤어요.

(2) We (goed / went) hiking last week. 우리는 지난주에 등산을 갔어요.

C 다음 문장을 완성하세요.

(1) 그는 지난 주말에 책을 읽었어요.

    He _____ a book last weekend.

(2) 저는 오늘 아침에 집을 청소했어요.

    I _____ the house this morning.

(3) 저는 어젯밤에 텔레비전을 봤어요.

    I _____ _____ last night.

(4) 저는 지난주에 영화를 한 편 봤어요.

    I _____ a movie _____ _____.

● 문장을 따라 쓰면서 연습해 보세요.

I went hiking last week.

I hiked Mt. Seorak.

I went fishing last week.

I caught a big fish.

What did you do last weekend?

I played the piano.

생활 속 영어 익히기
콩글리쉬(3)

이것도 콩글리쉬

모닝 콜

호텔에 투숙하면 아침에 깨워 주는 서비스를 우리는 '아침에 하는 전화'라는 뜻으로 모닝 콜(morning call)이라고 하지만, 이는 올바른 영어 표현이 아닙니다. 올바른 표현은 wake-up call[웨이크업 콜]입니다. wake up[웨이크업]이 '깨우다'라는 의미예요.

러닝 머쉰

피트니스 센터에서 걷거나 달리는 운동을 할 때 쓰는 기구인 러닝 머쉰(running machine)은 콩글리쉬예요. 올바른 표현은 treadmill[트레드밀]이에요. '밟다, 딛다'라는 뜻의 tread[트레드]와 '제분소, 갈다'라는 뜻의 mill[밀]의 합성어로, 예전에 발로 밟으며 곡식을 빻는 기계로부터 유래된 표현이랍니다.

원피스

우리가 말하는 원피스(one piece)를 영어권 국가에서는 일체형 수영복으로 알아듣는다고 해요. 원피스의 올바른 영어 표현은 dress[드레스]입니다.

핸들

자동차 handle[핸들]의 올바른 영어 표현은 steering wheel[스티어링 윌]입니다. steering[스티어링]은 자동차의 '조종 장치', wheel[윌]은 '바퀴'를 의미해요. 참고로 자전거나 오토바이의 핸들은 handlebar[핸들바]라고 합니다.

파이팅

우리가 응원할 때 흔히 쓰는 fighting[파이팅]을 영어권에서 쓰면 싸우는 것으로 오해받을 수 있어요. 응원할 때에는 Go![고우], Go for it![고우 포릿], Cheer up![치얼업]으로 표현하는데, Go for it!을 가장 흔하게 씁니다.

정답 및 해설

앞에서 공부한 '대화하기'와 '확인하기'의 정답을 확인해 보세요.
어려운 문제에는 자세한 해설이 나와 있으니 잘 읽고 해당 부분을 복습해 보세요.

01 I am Junho. 저는 준호예요.

대화하기 ▶본문 031쪽

Kevin　What's your name? 성함이 어떻게 되세요?

Yujin　My name is Yujin . 제 이름은 유진이에요.

　　　　What's your name? 성함이 어떻게 되세요?

Kevin　I'm Kevin . 저는 케빈이에요.

확인하기 ▶본문 033쪽

A
(1) 아침 morning　　　(2) 나의 my

(3) 이름 name　　　　(4) 좋은 good

(5) ~이다 am　　　　(6) 나는 I

B
(1) your　　　　　　　나는

(2) I　　　　　　　　너의

(3) my　　　　　　　　나의

C
(1) 안녕하세요. (아무 때나 하는 인사)　Hello/Hi.

(2) 안녕하세요. (아침 인사)　Good morning.

(3) 제 이름은 유진입니다.　My name is Yujin.

(4) 저는 준호입니다.　I am Junho.

대화하기 ▶본문 039쪽

Linda   What do you do? 무슨 일 하세요?

Aarav   I'm a cook . 저는 요리사예요.

         What do you do? 무슨 일 하세요?

Linda   I'm a retired nurse . 저는 은퇴한 간호사예요.

확인하기 ▶본문 041쪽

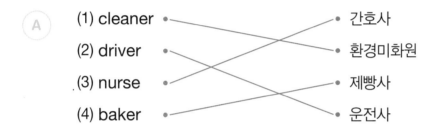

A
(1) cleaner • → 간호사
(2) driver • → 환경미화원
(3) nurse • → 제빵사
(4) baker • → 운전사

B
(1) (**a** / an) dog 개 한 마리   (2) (a / **an**) apple 사과 한 개
(3) (**a** / an) singer 가수 한 명   (4) (**a** / an) housewife 주부 한 명

|해설| 단어의 발음이 자음으로 시작하면 a를 붙이고, 모음으로 시작하면 an을 붙입니다. dog, singer, housewife는 자음으로 시작해서 a를 붙이고, apple은 모음으로 시작하니까 an을 붙입니다.

C
(1) 저는 교사입니다.   I'm a teacher.

(2) 저는 택시 운전사입니다.   I'm a taxi driver.

(3) 저는 농부입니다.   I'm a farmer.

(4) 저는 은퇴한 의사입니다.   I'm a retired doctor.

대화하기 ▶ 본문 047쪽

Junho   How are you? 어떻게 지내세요?

Julie   I'm fine . 잘 지내요.

       How are you? 선생님은 어떻게 지내세요?

Junho   Not bad . 나쁘지 않아요.

확인하기 ▶ 본문 049쪽

(A)
(1) 목마른 thirsty   (2) 기쁜 glad

(3) 화난 angry   (4) 외로운 lonely

(5) 피곤한 tired   (6) 아픈 sick

(B)
(1) 나는 놀랐어요. → I am surprised.

(2) 나는 몸이 좋지 않아요. → I'm not well.

|해설| (2) be동사의 부정문에서 not은 be동사 뒤에 옵니다.

(C)
(1) 나는 배고파요. I'm hungry.

(2) 나는 행복하지 않아요. I'm not happy.

(3) 나는 기뻐요. I'm glad.

(4) 나는 화나지 않았어요. I'm not angry.

대화하기 ▶본문 055쪽

Aarav   Where are you from? 어디 출신이세요?

Linda   I'm from America . 저는 미국에서 왔어요.

　　　　Where are you from? 어디 출신이세요?

Aarav   I'm from India . 저는 인도에서 왔어요.

확인하기 ▶본문 057쪽

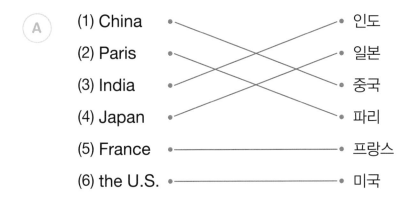

A
(1) China ·　　　　　　　· 인도
(2) Paris ·　　　　　　　· 일본
(3) India ·　　　　　　　· 중국
(4) Japan ·　　　　　　　· 파리
(5) France ·———————· 프랑스
(6) the U.S. ·———————· 미국

B
(1) I live (from / in) Japan. 저는 일본에 살아요.

(2) I'm (from / in) Australia. 저는 호주에서 왔어요.

|해설| '~에 산다'고 할 때는 live in ~을 쓰고, '~에서 왔다'고 할 때는 I'm from ~을 씁니다.

C
(1) 저는 미국에서 왔어요.　I'm from America.

(2) 저는 한국에서 왔어요.　I'm from Korea.

(3) 저는 부산(Busan)에 살아요.　I live in Busan.

(4) 저는 런던(London)에 삽니다.　I live in London.

대화하기 ▶본문 063쪽

Yujin   Honey, where are you? 여보, 당신 어디 있어요?

Junho   I'm in the bathroom . 욕실에 있어요.

Where are you? 당신은 어디 있어요?

Yujin   I'm in the bedroom . 저는 침실에 있어요.

확인하기 ▶본문 065쪽

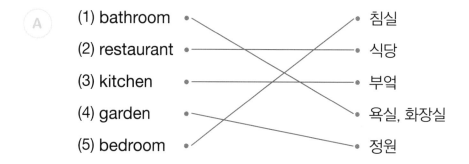

A   (1) bathroom   침실
    (2) restaurant   식당
    (3) kitchen   부엌
    (4) garden   욕실, 화장실
    (5) bedroom   정원

B   (1) I'm (at / **in**) the bathroom. 나는 욕실에 있어요.

(2) I'm (**at** / in) school. 나는 학교에 있어요.

(3) I'm (at / **on**) the bus. 나는 버스에 타고 있어요.

|해설| (1), (2) 어떤 '장소에' 있다고 말할 때는 전치사 at을 쓰고, 그 장소 '안의' 공간에 있다고 할 때는 in 을 씁니다. 욕실은 집이라는 장소 '안에' 있는 공간이므로 in을 씁니다. (3) 교통수단에 타고 있다 고 할 때 on을 씁니다.

C   (1) 저는 집에 있어요.   I'm at home.

(2) 저는 제 침실에 있어요.   I'm in my bedroom.

(3) 저는 정원에 있어요.   I'm in the garden.

(4) 저는 그 카페에 있어요.   I'm at the cafe.

06 I have two children. 저는 아이들이 둘 있어요.

대화하기 ▶ 본문 071쪽

Kevin   Do you have children? 자녀분이 있으세요?

Yujin   Yes. I have two children . 네. 저는 아이가 둘 있어요.

Kevin   Do you have grandchildren? 손주가 있으세요?

Yujin   No, I don't . 아뇨, 없어요.

확인하기 ▶ 본문 073쪽

A
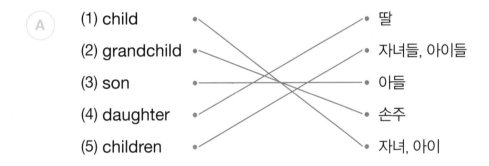

(1) child — 자녀, 아이

(2) grandchild — 손주

(3) son — 아들

(4) daughter — 딸

(5) children — 자녀들, 아이들

B   (1) 저는 아들이 둘 있어요. → I have two sons.

(2) 저는 손주가 셋 있어요. → I have three grandchildren.

|해설| (2) grandchildren은 '손주'를 뜻하는 grandchild의 복수형입니다.

C   (1) 저는 오빠가 한 명 있어요.   I have a brother.

(2) 저는 손녀가 하나 있어요.   I have a granddaughter.

(3) 저는 자녀가 넷 있어요.   I have four children.

(4) 저는 손주가 둘 있어요.   I have two grandchildren.

07 I don't like pasta. 저는 파스타를 좋아하지 않아요.

대화하기 ▶본문 079쪽

Sejun Do you like bread? 빵 좋아하세요?

Julie Yes, I love bread . 응, 나는 빵을 정말 좋아해.

Do you like bread? 너는 빵 좋아하니?

Sejun No, I don't like bread. 아뇨, 저는 빵 안 좋아해요.

확인하기 ▶본문 081쪽

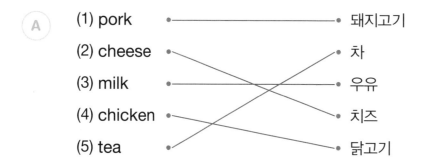

A
(1) pork ────────── 돼지고기
(2) cheese ·   · 차
(3) milk ·   · 우유
(4) chicken ·   · 치즈
(5) tea ·   · 닭고기

B
(1) 저는 커피를 좋아해요. → I like coffee.

(2) 저는 쇠고기를 좋아하지 않아요. → I don't like beef.

C
(1) 저는 햄버거를 좋아해요. I like hamburgers.

(2) 저는 파스타를 좋아하지 않아요. I don't like pasta.

(3) 저는 김치를 아주 좋아해요. I like kimchi very much.

(4) 저는 치즈를 정말 좋아해요. I love cheese.

08 I get up at 7. 저는 7시에 일어나요.

대화하기 ▶본문 093쪽

Linda　What do you do in the morning? 오전에 뭘 하세요?

Aarav　I study Korean . 저는 한국어를 공부해요.

　　　　What do you do in the morning? 오전에 뭘 하세요?

Linda　I read the newspaper . 저는 신문을 읽어요.

확인하기 ▶본문 095쪽

A
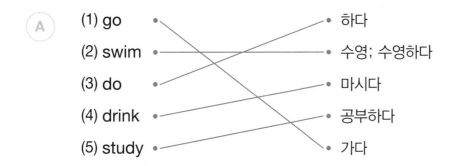

(1) go ──── 가다
(2) swim ──── 수영; 수영하다
(3) do ──── 하다
(4) drink ──── 마시다
(5) study ──── 공부하다

B　(1) I eat lunch (**at** / in) noon.　나는 정오에 점심을 먹어요.

(2) I meet a friend (on / **in**) the afternoon.　나는 오후에 친구를 만나요.

(3) I read a book (in / **on**) the weekend.　나는 주말에 책을 읽어요.

|해설| (1) 특정 시각 앞에는 at을 씁니다. (2) 오전, 오후, 저녁 앞에는 in을 씁니다. (3) 날, 요일, 주말 앞에는 on을 씁니다.

C　(1) 나는 7시에 아침을 먹습니다.　I **have/eat** breakfast at 7.

(2) 나는 6시에 일어납니다.　I **get up** at 6.

(3) 나는 저녁에 텔레비전을 봅니다.　I **watch** TV in the **evening**.

(4) 나는 9시에 잠자리에 듭니다.　I go to **bed** at 9.

|해설| (1) '아침을 먹다'는 eat breakfast를 써도 되지만 have breakfast를 더 흔히 씁니다.

대화하기 ▶본문 101쪽

Kevin   Can you speak English? 영어 할 줄 아세요?

Yujin   <u>Yes, I can</u> . 네, 할 수 있어요.

         Can you speak Korean? 한국어 할 줄 아세요?

Kevin   <u>No, I can't</u> . 아뇨, 못 해요.

확인하기 ▶본문 103쪽

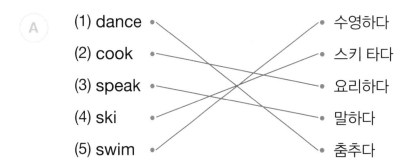

A

(1) dance

(2) cook

(3) speak

(4) ski

(5) swim

수영하다

스키 타다

요리하다

말하다

춤추다

B

(1) 저는 테니스를 칠 수 있어요. → <u>I can play tennis.</u>

(2) 저는 영어를 말할 줄 몰라요. → <u>I cannot speak English.</u>

C

(1) 나는 수영할 수 있어요.   I can <u>swim</u>.

(2) 나는 운전을 못 해요.   I <u>cannot/can't</u> <u>drive</u>.

(3) 나는 요리를 잘할 수 있어요.   I can <u>cook</u> <u>well</u>.

(4) 나는 노래를 썩 잘 못해요.   I <u>cannot/can't</u> sing very <u>well</u>.

⑩ You are very sweet. 당신은 참 다정해요.

대화하기　▶본문 111쪽

Junho　How do I look today? 오늘 나 어때 보여요?

Yujin　You　look great　. 아주 멋져 보여요.

　　　How do I look? 나는 어때 보여요?

Junho　You　look lovely　. 매력적으로 보여요.

확인하기　▶본문 113쪽

A

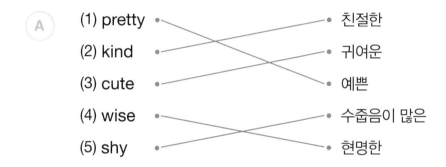

(1) pretty ● ─────────── ● 친절한

(2) kind ● ─────────── ● 귀여운

(3) cute ● ─────────── ● 예쁜

(4) wise ● ─────────── ● 수줍음이 많은

(5) shy ● ─────────── ● 현명한

B

(1) 당신은 참 친절하시네요. → You are very kind.

(2) 당신은 늙지 않았어요. → You are not old.

C

(1) 당신은 젊어 보여요.　You look young.

(2) 당신은 오늘 아주 멋져 보여요.　You look great today.

(3) 당신은 참 다정하시네요.　You are very sweet.

(4) 당신은 게으르지 않아요.　You are not lazy.

⑪ **Open your mouth.** 입을 벌리세요.

대화하기 ▶본문 119쪽

Clerk   Please put on your mask . 마스크를 써 주세요.

Kevin   Okay. 알겠습니다.

Clerk   Please don't take it off. 그걸 벗지 마세요.

Kevin   Sure. 그럼요.

확인하기 ▶본문 121쪽

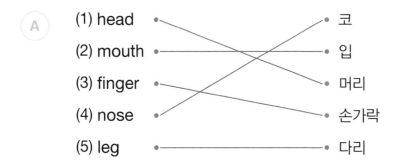

A
(1) head · · 코
(2) mouth · · 입
(3) finger · · 머리
(4) nose · · 손가락
(5) leg · · 다리

B
(1) hand (손) → hands   (2) arm (팔) → arms

(3) apple (사과) → apples   (4) watch (시계) → watches

(5) foot (발) → feet   (6) fish (물고기) → fish

|해설| (4) ch로 끝나는 명사의 복수형은 -es를 붙입니다. (5) foot의 복수형은 feet으로 불규칙하게 변합니다. (6) fish의 복수형은 똑같이 fish입니다.

C
(1) 눈을 뜨세요.   Open your eyes.

(2) 손을 씻으세요.   Wash your hands.

(3) 일어나지 마세요.   Don't stand up.

(4) 여기 앉지 마세요.   Please don't sit here.

⑫ Let's go for a walk. 우리 산책 가요.

정답 및 해설

대화하기 ▶본문 127쪽

Kevin   Let's watch that movie . 저 영화 봅시다.

Linda   Why not? 그거 좋죠.

        Let's buy some popcorn . 팝콘 좀 사죠.

Kevin   Great. 좋아요.

확인하기 ▶본문 129쪽

A

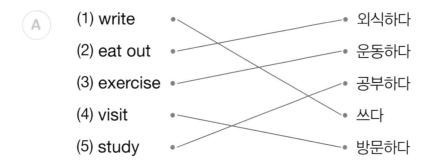

(1) write ●   ● 외식하다

(2) eat out ●   ● 운동하다

(3) exercise ●   ● 공부하다

(4) visit ●   ● 쓰다

(5) study ●   ● 방문하다

B

(1) 같이 공부합시다. → Let's study together.

(2) 밖에 나가지 말죠. → Let's not go out.

|해설| '~합시다'는 Let's ~를 쓰고, '~하지 말죠'라고 할 때는 Let's not ~을 씁니다.

C

(1) 일합시다. Let's work.

(2) 집에 갑시다. Let's go home.

(3) 산책 갑시다. Let's go for a walk.

(4) 우유를 사지 말죠. Let's not buy milk.

⑬ That's my phone. 저게 내 전화기야.

대화하기 ▶본문 137쪽

Junho   **Is this your bag ?** 이거 당신 가방이에요?

Yujin   **Yes, it is.** 네, 그래요.

Junho   **Is this your scarf ?** 이거 당신 목도리인가요?

Yujin   **No, it's not.** 아니에요.

확인하기 ▶본문 139쪽

A
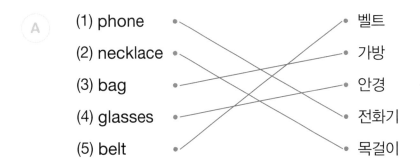

(1) phone   벨트

(2) necklace   가방

(3) bag   안경

(4) glasses   전화기

(5) belt   목걸이

B

(1) (**This** / That) is my watch. 이건 내 손목시계야.

(2) (These / **Those**) are my shoes. 저것들은 내 신발이야.

|해설| this(이것, 이 사람)는 '가까이 있는' 물건이나 사람을 가리키고, that(저것, 저 사람)은 '멀리 있는' 물건이나 사람을 가리킵니다. these(이것들, 이 사람들)는 this의 복수형이고, those(저것들, 저 사람들)은 that의 복수형입니다.

C

(1) 이 사람은 나의 아내입니다.   **This** is my wife.

(2) 저것은 내 가방입니다.   **That is** my bag.

(3) 이것들은 내 장갑들입니다.   **These** are my gloves.

(4) 저 애들은 내 학생들입니다.   **Those are** my students.

대화하기 ▶ 본문 145쪽

Junho **Does Aarav have any pets?** 아라브는 반려동물을 키우니?

Harim **Yes, he does.** 네, 그래요.

He has a cat . 고양이를 한 마리 키워요.

He loves his cat. 그 사람은 자기 고양이를 사랑해요.

확인하기 ▶ 본문 147쪽

A
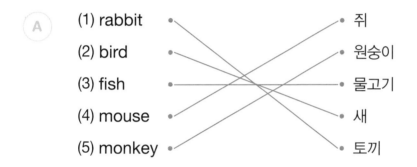

(1) rabbit   쥐
(2) bird   원숭이
(3) fish   물고기
(4) mouse   새
(5) monkey   토끼

B
(1) I (**have** / has) a horse. 나는 말 한 마리를 가지고 있어요.

(2) He (have / **has**) two pigs. 그는 돼지 두 마리를 가지고 있어요.

(3) She (have / **has**) a hamster. 그녀는 햄스터 한 마리를 키워요.

|해설| (2), (3) 주어가 3인칭 단수일 때 동사의 끝에 -s를 붙이는데, have 동사는 불규칙하게 변해서 has 가 됩니다.

C
(1) 케빈은 개 두 마리를 키웁니다. Kevin has two dogs.

(2) 그는 새를 세 마리 가지고 있습니다. He has three birds.

(3) 그 개는 네 개의 집을 가지고 있습니다. The dog has four houses.

(4) 린다는 반려동물을 키우나요? Does Linda have any pets?

⒂ **He doesn't wear shorts.** 그는 반바지를 안 입어요.

대화하기 ▶본문 153쪽

Yujin   Does Julie wear earrings? 줄리 선생님은 귀걸이를 하시니?

Sejun   No, she doesn't wear earrings. 아뇨, 그분은 귀걸이 안 하세요.

Yujin   Does she wear necklaces ? 목걸이는 하시니?

Sejun   Yes, she does. 네, 하세요.

확인하기 ▶본문 155쪽

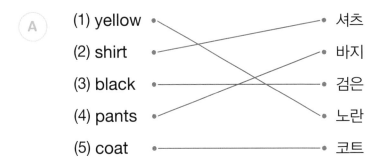

A
(1) yellow •   • 셔츠
(2) shirt •   • 바지
(3) black •   • 검은
(4) pants •   • 노란
(5) coat •   • 코트

B
(1) 그는 항상 흰 셔츠를 입어요. → He always wears a white shirt.

(2) 그녀는 치마를 입지 않아요. → She doesn't wear skirts.

|해설| (1) 빈도부사 always는 일반동사 앞에 씁니다. (2) 주어가 3인칭 단수일 때 일반동사의 부정문은 'doesn't + 동사원형'을 씁니다.

C
(1) 그녀는 늘 안경을 써요.   She always wears glasses.

(2) 그는 반바지를 입지 않아요.   He doesn't wear shorts.

(3) 그는 항상 파란 넥타이를 매요.   He always wears a blue tie.

(4) 그녀는 반지를 끼지 않아요.   She doesn't wear rings.

⑯ There is a TV on the wall. 벽에 텔레비전이 있어요.

대화하기 ▶본문 161쪽

Harim　**Where is my phone?** 내 전화기 어디 있지?

Sejun　**It's on the table .** 탁자 위에 있어.

Harim　**Where are my glasses?** 내 안경은 어디 있지?

Sejun　**I don't know .** 난 몰라.

확인하기 ▶본문 163쪽

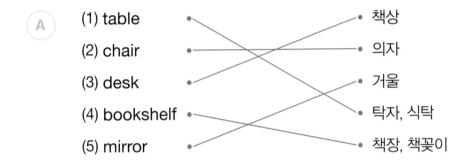

Ⓐ
(1) table ●　　　　　　● 책상
(2) chair ●　　　　　　● 의자
(3) desk ●　　　　　　● 거울
(4) bookshelf ●　　　　● 탁자, 식탁
(5) mirror ●　　　　　　● 책장, 책꽂이

Ⓑ
(1) There (**is** / are) a TV on the wall. 벽에 텔레비전이 한 대 있어요.

(2) There (is / **are**) plants in the corner. 구석에 화분들이 있어요.

|해설| '~이 있다'고 할 때 There is ~ 또는 There are ~ 구문을 씁니다. 뒤에 오는 말이 단수 명사이면 There is를 쓰고, 복수 명사이면 There are를 씁니다.

Ⓒ
(1) 냉장고 안에 사과 하나가 있어요.　There <u>is</u> an apple <u>in</u> the refrigerator.

(2) 침대 위에 재킷이 하나 있어요.　There is a jacket <u>on</u> the <u>bed</u>.

(3) 책들이 책장 위에 있어요.　<u>There are</u> books on the bookshelf.

(4) 우리는 큰 소파를 갖고 있어요.　We <u>have</u> a big <u>sofa</u>.

⑰ **Our clinic is next to it.** 저희 병원은 그 옆에 있습니다.

대화하기　▶본문 169쪽

Kevin　Where is the post office? 우체국이 어디에 있나요?

Harim　It's next to the library . 도서관 옆에 있어요.

Kevin　Where is the library? 도서관은 어디에 있는데요?

Harim　It's across from the bakery . 빵집 맞은편에 있어요.

확인하기　▶본문 171쪽

A

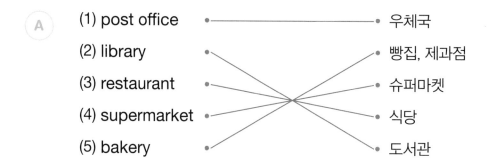

(1) post office　　　　　　　　　　　　우체국
(2) library　　　　　　　　　　　　　　빵집, 제과점
(3) restaurant　　　　　　　　　　　　슈퍼마켓
(4) supermarket　　　　　　　　　　　식당
(5) bakery　　　　　　　　　　　　　도서관

B

(1) 그 은행은 학교 앞에 있어요. → The bank is in front of the school.

(2) 제 집은 공원 옆에 있어요. → My house is next to the park.

|해설| in front of(~ 앞에)와 next to(~ 옆에)는 마치 한 단어처럼 쓰이는 전치사입니다.

C

(1) 저희 병원은 은행 옆에 있어요.　Our clinic is next to the bank.

(2) 그 식당은 도서관 건너편에 있어요.　The restaurant is across from the library.

(3) 모퉁이에 카페가 있어요.　There is a cafe on the corner.

(4) 학교 앞에 공원이 있어요.　There is a park in front of the school.

We are making dinner. 우리는 저녁을 준비하고 있어요.

대화하기 ▶본문 179쪽

Yujin **What are you doing now?** 지금 뭐 하고 있어요?

Junho **I'm driving .** 운전하고 있어요.

What are you doing? 당신은 뭐 하고 있어요?

Yujin **I'm doing yoga .** 요가 하고 있어요.

확인하기 ▶본문 181쪽

A

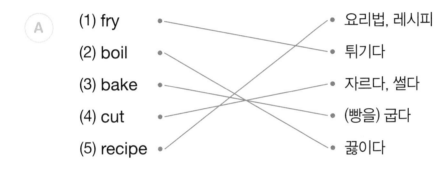

(1) fry • • 요리법, 레시피

(2) boil • • 튀기다

(3) bake • • 자르다, 썰다

(4) cut • • (빵을) 굽다

(5) recipe • • 끓이다

B

(1) read (읽다) → reading　　(2) watch (보다) → watching

(3) drive (운전하다) → driving　　(4) shop (쇼핑하다) → shopping

|해설| (3) e로 끝나는 동사는 e를 빼고 -ing를 붙입니다. (4) '모음 하나 + 자음 하나'로 끝나는 동사는 자음을 한 번 더 쓰고 -ing를 붙입니다.

C

(1) 그는 지금 자고 있어요.　He is sleeping now.

(2) 그녀는 노래하고 있어요.　She is singing.

(3) 나는 지금 춤추고 있어요.　I am dancing now.

(4) 그들은 식탁을 차리고 있어요.　They are setting the table.

⑲ **I was sick yesterday.** 저는 어제 아팠어요.

대화하기 ▶본문 187쪽

Harim   Were you at work yesterday? 어제 일하고(직장에) 있었어?

Aarav   Yes, I was. 응, 그랬어.

Harim   Were you busy ? 바빴어?

Aarav   Yes, I was very busy. 응, 아주 바빴어.

확인하기 ▶본문 189쪽

Ⓐ (1) yesterday

(2) this morning

(3) last year

(4) last night

(5) two weeks ago

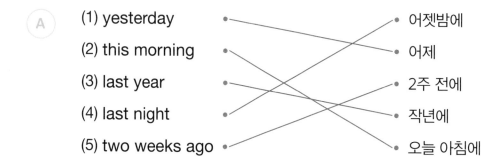

어젯밤에

어제

2주 전에

작년에

오늘 아침에

Ⓑ (1) 저는 어제 집에 있었어요. → I was at home yesterday.

(2) 저는 지난주에 바빴어요. → I was busy last week.

Ⓒ (1) 저는 지난 주말에 직장에 있었어요.   I was at work last weekend.

(2) 그는 어젯밤에 집에 있었어요.   He was at home last night.

(3) 당신은 어제 아팠나요?   Were you sick/ill yesterday?

(4) 나는 지난주에 아주 바빴어요.   I was very busy last week.

대화하기 ▶본문 195쪽

Junho   What did you do last weekend? 지난 주말에 뭐 하셨어요?

Linda   I saw a movie . 영화를 한 편 봤어요.

         What did you do last weekend? 지난 주말에 뭐 하셨어요?

Junho   I went camping . 저는 캠핑을 갔어요.

확인하기 ▶본문 197쪽

A
(1) did the laundry   낚시하러 갔다
(2) watched TV   텔레비전을 보았다
(3) played the guitar   수영하러 갔다
(4) went fishing   기타를 연주했다
(5) went swimming   빨래를 했다

B
(1) I (play / played) the piano yesterday. 저는 어제 피아노를 쳤어요.

(2) We (goed / went) hiking last week. 우리는 지난주에 등산을 갔어요.

|해설| (1) play는 '모음 + y'로 끝나는 동사라서 과거형을 만들 때 -ed를 붙입니다. (2) go는 불규칙 동사로, 과거형이 went로 변합니다.

C
(1) 그는 지난 주말에 책을 읽었어요.   He read a book last weekend.

(2) 저는 오늘 아침에 집을 청소했어요.   I cleaned the house this morning.

(3) 저는 어젯밤에 텔레비전을 봤어요.   I watched TV last night.

(4) 저는 지난주에 영화를 한 편 봤어요.   I saw/watched a movie last week.

|해설| (1) read[리드]의 과거형은 형태는 그대로지만 발음이 '레드'로 달라지는 점에 주의하세요.

PART 3

더 깊이 배우기

말하기 표현
한눈에 보는 문법 정리표

말하기 표현

02 직업 ▶ 038쪽

I'm a/an _____. 저는 ~입니다. ▶ S02-1

I'm a teacher. 저는 교사입니다.
I'm a professor. 저는 교수입니다.
I'm a doctor. 저는 의사입니다.
I'm a nurse. 저는 간호사입니다.
I'm a lawyer. 저는 변호사입니다.
I'm a cleaner. 저는 환경미화원입니다.
I'm a cashier. 저는 계산원입니다.
I'm a cook/chef. 저는 요리사입니다.

I'm a baker. 저는 제빵사입니다.
I'm a farmer. 저는 농부입니다.
I'm a driver. 저는 운전사입니다.
I'm a police officer. 저는 경찰관입니다.
I'm a security guard. 저는 경비원입니다.
I'm a salesperson. 저는 판매원입니다.
I'm a singer. 저는 가수입니다.
I'm an actor. 저는 배우입니다.

I'm a retired _____. 저는 은퇴한 ~입니다. ▶ S02-2

I'm a retired teacher. 저는 은퇴한 교사입니다.
I'm a retired professor. 저는 은퇴한 교수입니다.
I'm a retired doctor. 저는 은퇴한 의사입니다.

I'm a retired nurse. 저는 은퇴한 간호사입니다.
I'm a retired singer. 저는 은퇴한 가수입니다.
I'm a retired actor. 저는 은퇴한 배우입니다.

03 기분과 상태 ▶ 046쪽

I'm _____. 저는 ~해요. ▶ S03-1

I'm happy. 저는 행복해요.
I'm glad. 저는 기뻐요.
I'm sad. 저는 슬퍼요.
I'm tired. 저는 피곤해요.
I'm angry. 저는 화났어요.
I'm lonely. 저는 외로워요.
I'm worried. 저는 걱정돼요.
I'm surprised. 저는 놀랐어요.

I'm excited. 저는 신났어요.
I'm bored. 저는 지루해요.
I'm upset. 저는 속상해요.
I'm fine. 저는 잘 지내요.
I'm well/healthy. 저는 건강해요.
I'm sick. 저는 아파요.
I'm thirsty. 저는 목말라요.
I'm hungry. 저는 배고파요.

I'm not _____. 저는 ~하지 않아요. ▶ S03-2

I'm not happy. 저는 행복하지 않아요.
I'm not glad. 저는 기쁘지 않아요.
I'm not sad. 저는 슬프지 않아요.
I'm not tired. 저는 피곤하지 않아요.
I'm not angry. 저는 화나지 않았어요.

I'm not worried. 저는 걱정되지 않아요.
I'm not well/healthy. 저는 건강하지 않아요.
I'm not sick. 저는 아프지 않아요.
I'm not thirsty. 저는 목마르지 않아요.
I'm not hungry. 저는 배고프지 않아요.

04 출신지와 거주지 ▶ 054쪽

I'm from _____. 저는 ~에서 왔어요. ▶ S04-1

I'm from China. 저는 중국에서 왔어요.
I'm from Japan. 저는 일본에서 왔어요.
I'm from Taiwan. 저는 대만에서 왔어요.
I'm from Vietnam. 저는 베트남에서 왔어요.
I'm from India. 저는 인도에서 왔어요.
I'm from Thailand. 저는 태국에서 왔어요.
I'm from Russia. 저는 러시아에서 왔어요.

I'm from Canada. 저는 캐나다에서 왔어요.
I'm from France. 저는 프랑스에서 왔어요.
I'm from the U.K. 저는 영국에서 왔어요.
I'm from Germany. 저는 독일에서 왔어요.
I'm from Australia. 저는 호주에서 왔어요.
I'm from Spain. 저는 스페인에서 왔어요.
I'm from Italy. 저는 이탈리아에서 왔어요.

I live in _____. 저는 ~에 살아요. ▶ S04-2

I live in Seoul. 저는 서울에 살아요.
I live in Busan. 저는 부산에 살아요.
I live in Gwangju. 저는 광주에 살아요.
I live in Daejeon. 저는 대전에 살아요.
I live in Beijing. 저는 베이징에 살아요.
I live in Tokyo. 저는 도쿄에 살아요.
I live in Paris. 저는 파리에 살아요.

I live in London. 저는 런던에 살아요.
I live in Berlin. 저는 베를린에 살아요.
I live in Sydney. 저는 시드니에 살아요.
I live in Toronto. 저는 토론토에 살아요.
I live in Taipei. 저는 타이페이에 살아요.
I live in Moscow. 저는 모스크바에 살아요.
I live in L.A. 저는 로스앤젤레스에 살아요.

05 장소와 내부 공간 ▶ 062쪽

I'm at _____. 저는 ~에 있어요.   ▶ S05-1

I'm at my house. 저는 집에 있어요.
I'm at a shop. 저는 가게에 있어요.
I'm at a cafe. 저는 카페에 있어요.
I'm at school. 저는 학교에 있어요.
I'm at a museum. 저는 박물관에 있어요.
I'm at an art gallery. 저는 미술관에 있어요.
I'm at a hospital. 저는 병원에 있어요.

I'm at a stadium. 저는 경기장에 있어요.
I'm at a post office. 저는 우체국에 있어요.
I'm at a station. 저는 역에 있어요.
I'm at a bank. 저는 은행에 있어요.
I'm at a restaurant. 저는 음식점에 있어요.
I'm at a movie theater. 저는 영화관에 있어요.
I'm at an airport. 저는 공항에 있어요.

I'm in _____. 저는 ~에 있어요.   ▶ S05-2

I'm in my bedroom. 저는 침실에 있어요.
I'm in the bathroom. 저는 화장실에 있어요.
I'm in the living room. 저는 거실에 있어요.

I'm in the garden. 저는 정원에 있어요.
I'm in the yard. 저는 마당에 있어요.
I'm in the classroom. 저는 교실에 있어요.

06 가족 ▶ 070쪽

I have a/an _____. 저는 ~이 하나 있어요.   ▶ S06-1

I have a son. 저는 아들이 하나 있어요.
I have a daughter. 저는 딸이 하나 있어요.
I have a grandson. 저는 손자가 하나 있어요.
I have a granddaughter. 저는 손녀가 하나 있어요.
I have a brother. 저는 형[오빠, 남동생]이 하나 있어요.
I have a sister. 저는 누나[언니, 여동생]가 하나 있어요.
I have an uncle. 저는 삼촌[이모부, 고모부]이 하나 있어요.
I have an aunt. 저는 숙모[이모, 고모]가 하나 있어요.
I have a nephew/niece. 저는 남자/여자 조카가 하나 있어요.
I have a brother-in-law. 저는 매형[처남, 시아주버니, 시동생]이 하나 있어요.
I have a sister-in-law. 저는 처형[처제, 시누이, 올케]이 하나 있어요.

I have two/three/four... _____. 저는 ~이 둘/셋/넷… 있어요. ▶ S06-2

I have two children. 저는 아이들이 둘 있어요.
I have three sons. 저는 아들이 셋 있어요.
I have four daughters. 저는 딸이 넷 있어요.
I have three brothers. 저는 형[오빠, 남동생]이 셋 있어요.
I have two sisters. 저는 누나[언니, 여동생]가 둘 있어요.
I have five grandchildren. 저는 손주가 다섯 있어요.

07 호불호 ▶ 078쪽

I like _____. 저는 ~을 좋아해요. ▶ S07-1

I like pizza. 저는 피자를 좋아해요.
I like bread. 저는 빵을 좋아해요.
I like coffee. 저는 커피를 좋아해요.
I like tea. 저는 차를 좋아해요.

I like wine. 저는 와인을 좋아해요.
I like dessert. 저는 후식을 좋아해요.
I like steak. 저는 스테이크를 좋아해요.
I like Korean food. 저는 한식을 좋아해요.

I don't like _____. 저는 ~을 좋아하지 않아요. ▶ S07-2

I don't like coffee. 저는 커피를 좋아하지 않아요.
I don't like wine. 저는 와인을 좋아하지 않아요.
I don't like ice cream. 저는 아이스크림을 좋아하지 않아요.
I don't like fast food. 저는 패스트푸드를 좋아하지 않아요.

08 일과와 활동 ▶ 092쪽

I _____ at _____. 저는 (언제) ~해요 ▶ S08-1

I have breakfast at 8. 저는 8시에 아침을 먹어요.
I go for a walk at 9. 저는 9시에 산책하러 가요.
I have lunch at noon. 저는 정오에 점심을 먹어요.

I do yoga at 5. 저는 5시에 요가를 해요.
I have dinner at 7. 저는 7시에 저녁을 먹어요.
I go to bed at 10. 저는 10시에 잠자리에 들어요.

I _____ in _____ . 저는 (언제) ~해요. ▶ S08-2

I study English **in** the morning. 저는 오전에 영어를 공부해요.
I play table tennis **in** the afternoon. 저는 오후에 탁구를 쳐요.
I watch YouTube **in** the evening. 저는 저녁에 유튜브를 봐요.

I _____ on _____ . 저는 (언제) ~해요. ▶ S08-3

I babysit my grandchild **on** the weekdays. 저는 주중에 손주를 돌봐 줘요.
I study Japanese **on** the weekend. 저는 주말에 일본어를 공부해요.
I play badminton **on** Fridays. 저는 금요일마다 배드민턴을 쳐요.
I eat out **on** Saturdays. 저는 토요일마다 외식을 해요.
I go to church **on** Sundays. 저는 일요일마다 교회에 가요.

09 능력 ▶100쪽

I can _____ . 저는 ~을 할 수 있어요. ▶ S09-1

I **can** drive. 저는 운전할 수 있어요.
I **can** play tennis. 저는 테니스를 칠 수 있어요.
I **can** ski. 저는 스키를 탈 수 있어요.
I **can** speak English. 저는 영어를 할 수 있어요.
I **can** play the violin. 저는 바이올린을 연주할 수 있어요.
I **can** bake bread. 저는 빵을 구울 수 있어요.

I can't _____ . 저는 ~을 못 해요. ▶ S09-2

I **can't** sing. 저는 노래를 못 해요.
I **can't** drive. 저는 운전을 못 해요.
I **can't** cook. 저는 요리를 못 해요.
I **can't** play the guitar. 저는 기타를 못 쳐요.

I **can't** play golf. 저는 골프를 못 쳐요.
I **can't** ride a bike. 저는 자전거를 못 타요.
I **can't** speak French. 저는 불어를 못 해요.
I **can't** take selfies. 저는 셀카를 못 찍어요.

10 칭찬 ▶110쪽

You are _____. 당신은 ~해요. ▶ S10-1

You are sweet. 당신은 다정해요.
You are kind. 당신은 친절해요.
You are funny. 당신은 재미있어요.
You are smart. 당신은 똑똑해요.

You are wise. 당신은 현명해요.
You are friendly. 당신은 상냥해요.
You are polite. 당신은 예의가 바르세요.
You are patient. 당신은 참을성이 많으세요.

You look _____. 당신은 ~해 보여요. ▶ S10-2

You look great. 당신은 멋져 보여요.
You look beautiful. 당신은 아름다워 보여요.
You look pretty. 당신은 예뻐 보여요.
You look cute. 당신은 귀여워 보여요.

You look young. 당신은 젊어 보여요.
You look lovely. 당신은 매력적으로 보여요.
You look gorgeous. 당신은 아주 멋져 보여요.
You look cool. 당신은 멋져 보여요.

11 동작 ▶118쪽

_____, **please**. ~하세요. ▶ S11-1

Take a seat, **please**. 앉으세요.
Take off your coat, **please**. 코트를 벗으세요.
Put on your mask, **please**. 마스크를 써 주세요.
Turn down the music, **please**. 음악 소리를 줄여 주세요.
Wash your hands, **please**. 손을 씻으세요.
Raise your hand, **please**. 손을 드세요.
Open your book, **please**. 책을 펴세요.

Don't _____. ~하지 마세요. ▶ S11-2

Don't move. 움직이지 마세요.
Don't run. 뛰지 마세요.

Don't open your eyes. 눈을 뜨지 마세요.
Don't take off your mask. 마스크를 벗지 마세요.

12 활동 제안 ▶ 126쪽

Let's _____. 우리 ~해요. ▶ S12-1

Let's study together. 우리 같이 공부해요.　　**Let's** play badminton. 우리 배드민턴 쳐요.

Let's cook together. 우리 같이 요리해요.　　**Let's** dance. 우리 춤춰요.

Let's watch TV. 우리 텔레비전 봐요.　　**Let's** go for a swim. 우리 수영 가요.

Let's watch a movie. 우리 영화 봐요.　　**Let's** clean the house. 우리 집 청소해요.

Let's not _____. ~하지 말죠. ▶ S12-2

Let's not eat out. 외식하지 말죠.　　**Let's not** stay home. 집에 있지 말죠.

Let's not go out. 밖에 나가지 말죠.　　**Let's not** cook. 요리하지 말죠.

13 멀고 가까운 것 ▶ 136쪽

This/That is my _____. 이것은/저것은 내 ~입니다. ▶ S13-1

This/That is my phone. 이것은/저것은 내 전화기입니다.

This/That is my umbrella. 이것은/저것은 내 우산입니다.

This/That is my bag. 이것은/저것은 내 가방입니다.

This/That is my hat. 이것은/저것은 내 모자입니다.

This/That is my key. 이것은/저것은 내 열쇠입니다.

This/That is my laptop. 이것은/저것은 내 노트북 컴퓨터입니다.

These/Those are my _____. 이것들은/저것들은 내 ~입니다. ▶ S13-2

These/Those are my glasses. 이것들은/저것들은 내 안경입니다.

These/Those are my gloves. 이것들은/저것들은 내 장갑입니다.

These/Those are my earrings. 이것들은/저것들은 내 귀걸이입니다.

These/Those are my socks. 이것들은/저것들은 내 양말입니다.

These/Those are my shoes. 이것들은/저것들은 내 신발입니다.

14 반려동물 ▶144쪽

I have _____. 저는 ~을 키워요. ▶ S14-1

I have a dog. 저는 개를 키워요.
I have two birds. 저는 새 두 마리를 키워요.
I have a parrot. 저는 앵무새를 키워요.

I have three fish. 저는 물고기 세 마리를 키워요.
I have a lizard. 저는 도마뱀을 키워요.
I have a rabbit. 저는 토끼를 키워요.

My _____ has _____. 제 ~는 ~을 키워요. ▶ S14-2

My daughter has a cat. 제 딸은 고양이를 키워요.
My friend has a goose. 제 친구는 거위를 키워요.
My sister has four dogs. 제 누나[언니, 여동생]는 개를 네 마리 키워요.
My brother has a hamster. 제 형[오빠, 남동생]은 햄스터를 키워요.

15 패션 ▶152쪽

My _____ always wears _____.
제 ~는 항상 ~을 입어요[써요, 신어요, 해요]. ▶ S15-1

My husband always wears glasses. 제 남편은 항상 안경을 써요.
My wife always wears a ring. 제 아내는 항상 반지를 껴요.
My friend always wears a cap. 제 친구는 항상 야구 모자를 써요.
My mother always wears a scarf. 제 어머니는 항상 스카프를 하세요.
My son always wears sneakers. 제 아들은 항상 운동화를 신어요.
My daughter always wears high heels. 제 딸은 항상 하이힐을 신어요.

My _____ doesn't wear _____.
제 ~는 ~을 입지[쓰지, 신지, 하지] 않아요. ▶ S15-2

My husband doesn't wear a suit. 제 남편은 정장을 입지 않아요.
My wife doesn't wear makeup. 제 아내는 화장을 하지 않아요.

My friend **doesn't wear** shorts. 제 친구는 반바지를 입지 않아요.
My son **doesn't wear** ties. 제 아들은 넥타이를 하지 않아요.

16 물건의 위치 ▶160쪽

There is _____. ~이 (어디에) 있어요.　　▶ S16-1

There is a computer on the desk. 책상 위에 컴퓨터가 있어요.
There is a vase on the table. 탁자 위에 꽃병이 있어요.
There is a rug under the bed. 침대 밑에 양탄자가 있어요.
There is a book in my bag. 내 가방 안에 책이 있어요.
There is a lamp in the corner. 구석에 등이 있어요.
There is an armchair next to the sofa. 소파 옆에 안락의자가 있어요.
There is a clock on the wall. 벽에 시계가 있어요.

There are _____. ~들이 (어디에) 있어요.　　▶ S16-2

There are books on the bookshelf. 책장 위에 책들이 있어요.
There are snacks in my backpack. 내 배낭에 간식들이 있어요.
There are glasses on the table. 식탁 위에 잔들이 있어요.
There are vegetables in the refrigerator. 냉장고 안에 야채들이 있어요.
There are flowers on the table. 탁자 위에 꽃들이 있어요.

17 건물의 위치 ▶168쪽

There is _____. (어디에) ~이 있어요.　　▶ S17-1

There is a gas station next to the bank. 은행 옆에 주유소가 있어요.
There is a parking lot behind the building. 건물 뒤에 주차장이 있어요.
There is a convenience store in front of the community center. 주민 센터 앞에 편의점이 있어요.
There is a vet clinic between the bakery and the cafe. 빵집과 카페 사이에 동물 병원이 있어요.
There is a restaurant across from the hotel. 호텔 맞은편에 식당이 있어요.

The _____ **is** _____. 그 ~은 (어디에) 있어요.　▶ S17-2

The cafe **is** in front of the library.　그 카페는 도서관 앞에 있어요.
The hotel **is** next to the hospital.　그 호텔은 병원 옆에 있어요.
The restaurant **is** across from the post office.　그 식당은 우체국 건너편에 있어요.
The bank **is** behind the community center.　그 은행은 주민 센터 뒤에 있어요.

18 지금 하고 있는 일 ▶ 178쪽

I'm _____. 저는 ~하고 있어요.　▶ S18

I'm reading the newspaper.　저는 신문을 읽고 있어요.
I'm having lunch.　저는 점심을 먹고 있어요.
I'm doing Pilates.　저는 필라테스를 하고 있어요.
I'm cooking dinner.　저는 저녁 식사를 요리하고 있어요.
I'm surfing the Internet.　저는 인터넷 서핑을 하고 있어요.
I'm watching a movie.　저는 영화를 보고 있어요.
I'm watching TV.　저는 텔레비전을 보고 있어요.
I'm playing a mobile game.　저는 핸드폰 게임을 하고 있어요.
I'm talking to a friend.　저는 친구와 얘기하고 있어요.
I'm listening to music.　저는 음악을 듣고 있어요.
I'm studying English.　저는 영어를 공부하고 있어요.

19 과거 시간 표현 ▶ 186쪽

I was _____. 저는 (언제) ~했어요.　▶ S19

I was sleepy this morning.　저는 오늘 아침에 졸렸어요.
I was tired yesterday.　저는 어제 피곤했어요.
I was awake last night.　저는 어젯밤에 깨어 있었어요.
I was busy last week.　저는 지난주에 바빴어요.
I was free last weekend.　저는 지난 주말에 한가했어요.

I was off last Monday. 저는 지난 월요일에 휴가였어요.

I was sick/ill last week. 저는 지난주에 아팠어요.

I was drunk last night. 저는 어젯밤에 취했었어요.

20 과거에 한 일 ▶ 194쪽

| **I _____ yesterday.** 저는 어제 ~했어요. | ▶ S20 |

I stayed home **yesterday.** 저는 어제 집에 있었어요.

I cleaned the house **yesterday.** 저는 어제 집을 청소했어요.

I washed my car **yesterday.** 저는 어제 세차를 했어요.

I went to the hospital **yesterday.** 저는 어제 병원에 갔어요.

I watched TV **yesterday.** 저는 어제 텔레비전을 봤어요.

I studied English **yesterday.** 저는 어제 영어를 공부했어요.

I went shopping **yesterday.** 저는 어제 쇼핑을 했어요.

I saw/watched a movie **yesterday.** 저는 어제 영화를 봤어요.

I went swimming **yesterday.** 저는 어제 수영하러 갔어요.

I met a friend **yesterday.** 저는 어제 친구를 만났어요.

한눈에 보는 문법 정리표

● 인칭대명사 ▶ 32쪽, 128쪽, 146쪽

인칭대명사의 주격, 소유격(소유 형용사), 목적격은 다음과 같습니다.

주격(~은/는/이/가)	소유격(~의)	목적격(~을/를)
I [아이] 나는	my [마이] 나의	me [미] 나를
you [유] 너(희)는	your [유어] 너(희)의	you [유] 너(희)를
he [히] 그는 she [쉬] 그녀는 it [잇] 그것은	his [히즈] 그의 her [허] 그녀의 its [이츠] 그것의	him [힘] 그를 her [허] 그녀를 it [잇] 그것을
we [위] 우리는	our [아워] 우리의	us [어스] 우리를
they [데이] 그(것)들은	their [데어] 그(것)들의	them [뎀] 그(것)들을

● 주어+be동사 ▶ 32쪽, 112쪽, 180쪽

'~이다' 또는 '있다'라는 뜻의 be동사는 앞에 나오는 주어에 따라 형태가 바뀝니다.

주어	be동사	주어 + be동사 줄임말	뜻
I [아이]	am [앰] ~	I'm [아임]	나는 ~이다 / 나는 ~에 있다
You [유]	are [아] ~	You're [유어]	너(희)는 ~이다 / 너(희)는 ~에 있다
He [히] She [쉬] It [잇]	is [이즈] ~	He's [히즈] She's [쉬즈] It's [이츠]	그는 ~이다 / 그는 ~에 있다 그녀는 ~이다 / 그녀는 ~에 있다 그것은 ~이다 / 그것은 ~에 있다
We [위] They [데이]	are [아] ~	We're [위어] They're [데이어]	우리는 ~이다 / 우리는 ~에 있다 그(것)들은 ~이다 / 그(것)들은 ~에 있다

● be동사 부정문 만들기 ▶48쪽, 112쪽

be동사가 들어간 문장의 부정문을 만들 때는 be동사 뒤에 not을 붙입니다. 'be동사 + not'은 간단하게 줄여서 말할 수도 있습니다.

주어	be동사 + not	뜻
I	am not ~	나는 ~이 아니다 / 나는 ~에 있지 않다
You	are not ~ *줄임말: aren't ~	너(희)는 ~이 아니다 / 너(희)는 ~에 있지 않다
He She It	is not ~ *줄임말: isn't ~	그는 ~이 아니다 / 그는 ~에 있지 않다 그녀는 ~이 아니다 / 그녀는 ~에 있지 않다 그것은 ~이 아니다 / 그것은 ~에 있지 않다
We They	are not ~ *줄임말: aren't ~	우리는 ~이 아니다 / 우리는 ~에 있지 않다 그(것)들은 ~이 아니다 / 그(것)들은 ~에 있지 않다

● 명사의 복수형 만들기 ▶40쪽, 120쪽

두 개 이상의 셀 수 있는 명사는 복수형으로 나타내야 합니다. 기본 규칙은 명사 뒤에 -s를 붙이는 것입니다. 이 규칙을 따르지 않는 경우는 다음과 같습니다.

단어의 형태	복수형 만드는 법	예
s로 끝나는 단어 x로 끝나는 단어 sh로 끝나는 단어 ch로 끝나는 단어	+ -es	bus [버스] → buses [버씨즈] 버스들 box [박스] → boxes [박씨즈] 상자들 dish [디쉬] → dishes [디쉬즈] 접시들 watch [워치] → watches [워치즈] 시계들
자음 + y로 끝나는 단어	y를 i로 고치고 + -es	baby [베이비] → babies [베이비즈] 아기들
f, fe로 끝나는 단어	f를 v로 고치고 + -es	wife [와이프] → wives [와이브즈] 아내들 leaf [리프] → leaves [리브즈] 나뭇잎들

● 일반동사의 3인칭 단수형 만들기 ▶146쪽

주어가 3인칭 단수일 때 동사의 형태가 달라집니다. 기본 규칙은 동사 뒤에 -s를 붙이는 것입니다. 이 규칙을 따르지 않는 경우는 다음과 같습니다.

동사의 형태	3인칭 단수형 만드는 법	예
s로 끝나는 동사 x로 끝나는 동사 sh로 끝나는 동사 ch로 끝나는 동사	+ -es	**miss** [미쓰] → **misses** [미씨즈] 놓치다 **fix** [픽쓰] → **fixes** [픽씨즈] 고치다 **watch** [워치] → **watches** [워치즈] 보다 **wash** [워쉬] → **washes** [워쉬즈] 씻다
자음 + y로 끝나는 동사	y를 i로 고치고 + -es	**study** [스터디] → **studies** [스터디즈] 공부하다
불규칙 동사		**have** [해브] → **has** [해즈] 갖고 있다 **go** [고우] → **goes** [고우즈] 가다 **do** [두] → **does** [더즈] 하다

● 일반동사 부정문 ▶80쪽, 154쪽

주어가 3인칭 단수이면 동사 앞에 doesn't, 그 외에는 동사 앞에 don't를 붙입니다.

주어	동사의 부정형 예	뜻
I You We They	**don't have ~**	나는 ~을 갖고 있지 않다 너(희)는 ~을 갖고 있지 않다 우리는 ~을 갖고 있지 않다 그(것)들은 ~을 갖고 있지 않다
He She It	**doesn't have ~**	그는 ~을 갖고 있지 않다 그녀는 ~을 갖고 있지 않다 그것은 ~을 갖고 있지 않다

● 현재 진행형 만들기 ▶180쪽

'~하고 있다'라고 지금 하고 있는 일을 나타내는 현재 진행형은 be동사 뒤에 동사-ing 형태를 씁니다. 동사-ing형은 기본적으로 동사에 -ing를 붙이는 것입니다. 그렇지 않은 경우는 다음과 같습니다.

동사의 형태	동사-ing형 만드는 법	예
e로 끝나는 동사	e를 빼고 + -ing	**make** [메이크] 만들다 → **making** [메이킹] **dance** [댄스] 춤추다 → **dancing** [댄싱]
ie로 끝나는 동사	ie를 y로 고치고 + -ing	**lie** [라이] 눕다 → **lying** [라잉] **tie** [타이] 묶다 → **tying** [타잉]
'모음(a, e, i, o, u) 하나 + 자음 하나'로 끝나는 동사	마지막 자음을 두 번 적고 + -ing	**shop** [샵] 쇼핑하다 → **shopping** [샤핑] **run** [런] 달리다 → **running** [러닝]

● be동사의 과거형 ▶188쪽

be동사의 과거형은 '~였다' 또는 '있었다'라는 뜻입니다. 주어에 따른 be동사의 과거형은 다음과 같습니다.

주어	be동사 과거형	뜻
I	**was** [워즈] ~	나는 ~였다 / 나는 ~에 있었다
You	**were** [워] ~	너(희)는 ~였다 / 너(희)는 ~에 있었다
He She It	**was** [워즈] ~	그는 ~였다 / 그는 ~에 있었다 그녀는 ~였다 / 그녀는 ~에 있었다 그것은 ~였다 / 그것은 ~에 있었다
We They	**were** [워] ~	우리는 ~였다 / 우리는 ~에 있었다 그(것)들은 ~였다 / 그(것)들은 ~에 있었다

● 일반동사의 과거형 ▶196쪽

일반동사의 과거형을 만들 때의 기본 규칙은 끝에 -ed를 붙이는 것입니다. 이 규칙을 따르지 않는 경우는 다음과 같습니다.

동사의 형태	과거형 만드는 법	예
e로 끝나는 동사	+ -d	**like** [라이크] → **liked** [라익트] 좋아했다 **love** [러브] → **loved** [럽드] 사랑했다
'모음(a, e, i, o, u) 하나 + 자음 하나'로 끝나는 동사	자음을 두 번 적고 + -ed	**stop** [스탑] → **stopped** [스탑트] 멈췄다 **drop** [드랍] → **dropped** [드랍트] 떨어뜨렸다
'자음 + y'로 끝나는 동사	y를 i로 고치고 + -ed	**cry** [크라이] → **cried** [크라이드] 울었다 **fry** [프라이] → **fried** [프라이드] 튀겼다
불규칙 동사		**begin** [비긴] 시작하다 → **began** [비갠] 시작했다 **meet** [미트] 만나다 → **met** [멧] 만났다 **break** [브레이크] 깨다 → **broke** [브로우크] 깼다 **sit** [씻] 앉다 → **sat** [쌧] 앉았다 **come** [컴] 오다 → **came** [케임] 왔다 **ride** [라이드] 타다 → **rode** [로우드] 탔다 **drink** [드링크] 마시다 → **drank** [드랭크] 마셨다 **buy** [바이] 사다 → **bought** [보트] 샀다 **get** [겟] 받다 → **got** [갓] 받았다 **sell** [쎌] 팔다 → **sold** [쏘울드] 팔았다 **catch** [캐치] 잡다 → **caught** [코트] 잡았다 **know** [노우] 알다 → **knew** [뉴] 알았다 **run** [런] 달리다 → **ran** [랜] 달렸다 **read** [리드] 읽다 → **read** [레드] 읽었다 **think** [씽크] 생각하다 → **thought** [쏘트] 생각했다 **sing** [씽] 노래하다 → **sang** [쌩] 노래했다 **sleep** [슬립] 자다 → **slept** [슬렙트] 잤다 **stand** [스탠드] 일어서다 → **stood** [스투드] 일어섰다 **write** [라이트] 쓰다 → **wrote** [로우트] 썼다 **take** [테이크] 잡다 → **took** [툭] 잡았다

영상 강의 이용 방법 (스마트폰)

1 각 단원의 첫 페이지 좌측 상단에 있는 QR코드를 스마트폰으로 찍으세요.

2 강의가 재생됩니다.

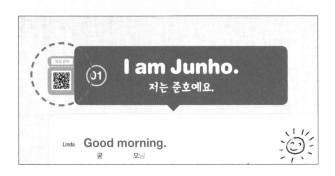

MP3 음원 및 음성 강의 이용 방법(스마트폰 및 컴퓨터)

스마트폰

1 단원 내의 학습 코너마다 우측 상단에 있는 QR코드를 스마트폰으로 찍으세요.

2 재생 버튼(▶)을 누르시면 음원이 재생됩니다.

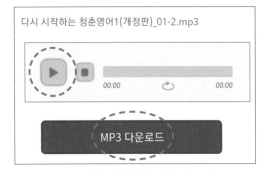

3 음원 파일을 스마트폰에 다운로드 받고 싶으시면 MP3 다운로드 버튼을 누르세요.

컴퓨터

1 다락원 홈페이지(www.darakwon.co.kr)에 들어가셔서 회원 가입과 로그인을 하신 후, 화면 상단의 검색창에 '다시 시작하는 청춘 영어 1'을 입력하세요. 검색 결과 중에서 [도서]를 선택하세요..

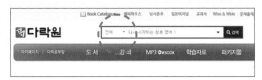

2 오른쪽 일반 자료에서 MP3를 클릭하시고 파일을 다운로드 받으시면 됩니다.

3 다운로드한 파일을 재생하세요.